苏州大学国家级一流本科专业建设成果

视觉传达设计
必修课

VISUAL COMMUNICATION DESIGN

COMPULSORY COURSE

广告设计

杨朝辉　丛书主编

方　敏　丛书副主编

张　磊　周倩倩　吕宇星　编著

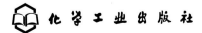

化学工业出版社

·北京·

丛书编委会名单

丛 书 主 编： 杨朝辉

丛书副主编： 方　敏

编委会成员： 蒋　浩　薛奕珂　赵武颖　赵志新　王　璨　石恒川
　　　　　　　张　磊　周倩倩　吕宇星　项天舒　郭子明　陈义文
　　　　　　　朱思豪　侯　宇　潘　昊　赵雅雯　陶一凡

内容简介

本书主要包括七方面内容：广告设计概论、广告设计运作环节概述、广告设计过程中心理学的应用、广告设计作品中的视觉语言、广告设计中的创意思维与表现方法、不同媒介的广告设计和广告艺术化的表现及趋势。各章节都对广告设计的相关内容做了比较全面的阐述，列举了当下前沿的广告设计作品并对其进行综合分析。另外，书中每章后面还有专题拓展、思考练习及二维码，可以提供更多案例供读者参考。

本书内容丰富，图文并茂，突出实用案例，可以为广大艺术设计爱好者提供设计参考，也可以作为各艺术设计院校广告设计课程的教学用书。

图书在版编目（CIP）数据

广告设计/ 张磊，周倩倩，吕宇星编著 . —北京：化学工业出版社，2022.2
（视觉传达设计必修课 / 杨朝辉主编）
ISBN 978-7-122-40462-6

Ⅰ．①广… Ⅱ．①张… ②周… ③吕… Ⅲ．①广告设计 Ⅳ．① F713.81

中国版本图书馆CIP 数据核字(2021) 第271389 号

责任编辑：徐　娟　　　　　　　　版式设计：夏　琪
责任校对：杜杏然　　　　　　　　封面设计：王亚亚　郭子明

出版发行：化学工业出版社（北京市东城区青年湖南街13 号　邮政编码100011）
印　　装：天津市银博印刷集团有限公司
787mm×1092mm　1/16　印张11　字数250 千字　2022 年7 月北京第1 版第1 次印刷

购书咨询：010-64518888　售后服务：010-64518899
购书网址：http://www.cip.com.cn
凡购买本书，如有缺损质量问题，本社销售中心负责调换。

定　价：68.00 元　　　　　　　　　　　　版权所有 违者必究

写在前面的话

设计，即解决问题的过程，人类改变原有事物，使其变化、增益、更新、发展的创造性活动，是构想和解决问题的过程，涉及人类一切有目的的创造活动。因此，我们将它视作为人类的基本特征之一。设计源于各种决定及选择，它是人类通过技术手段实现各种价值的方法论。

如今的中国艺术设计教育已然进入稳定发展的繁荣阶段，依托于互联网平台的便捷，我们得以轻松获得海内外的众多设计案例。丰富的资料使我们有足够的空间去思索，究竟有哪些内容可以成为有意义的课程教学目标。日新月异的技术革新使得人类社会飞速地进步，社会对于设计的需求已经不能停留在艺术性的创造上，设计应该更加贴近生活，把艺术高于生活的部分以更加合理的方式融入日常生活中。这样的愿景促使我们不能只把目光停留在琳琅满目的艺术形式上，还有更加明确且有针对性的目标需要我们去挖掘。

本丛书命名为"视觉传达设计必修课"，此次出版《产品品牌形象设计》《机构品牌形象设计》《广告设计》以及《信息可视化设计》四本。虽是"必修课"，但不完全是基础教学的内容。我们意在强调以培养符合当代中国社会需求的视觉传达设计人才为首要目标，并且为广大设计爱好者、需求者提供优秀可靠的理论参考与设计案例。从设计学的视角出发，本丛书延续了之前产品案例选择的规范与严谨，并根据时代主题、市场环境以及大众审美的需求，在适用于课程教学的基础上，提出更加具有针对性、实用性、趣味性、创新性的设计观点。我们始终致力于将完整的设计过程呈现给读者，不仅有对某个设计案例的分析，更有对社会变迁、时代更迭的思考与启示。授人以渔而非授人以鱼，我们希望通过还原设计原本的面貌，让人们将目光聚焦从设计的结果转移到设计的需求与过程中。

本丛书作为国家社科基金艺术学重大项目"中国品牌形象设计与国际化发展研究"的重要成果，将在技术引导信息突破国界的大环境中梳理科学有效的设计方法论。产品与机构是消费者接触最多的品牌形象，广告是推动品牌形象设计有效的路径，信息可视化设计是贯穿始终的核心方法论。因此，本丛书在对中国品牌形象的研究中扮演着极为重要的角色。不胜枚举的中国品牌形象为本丛书提供了丰富的案例支撑，国际化、数字化的品牌形象设计需求也为本丛书创造了更多有意义的课题方向与实践目标。

在苏州大学艺术学院给予的平台、学院领导的大力支持下，以及化学工业出版社领导和各位工作人员的倾力相助、各位编委的共同努力下，加上几位编著者的紧密协助，本丛书得以顺利出版。在此，向以上致力于推进中国设计教育事业的专家、同行们致以诚挚的敬意和感谢！本丛书的编纂环节历经了艰难辛苦的探索，书中难免有疏漏与不足，敬请广大读者批评指正，便于在以后的再版中改进和完善。

杨朝辉

2021 年 12 月

注：本丛书为国家社科基金艺术学重大项目"中国品牌形象设计与国际化发展研究"阶段性成果，苏州大学国家级一流本科专业建设成果。

目录
CONTENTS

Miles
Young.

内容吸晴的程度，通常难以规划，也无从预测。

The degree to which the content is absorbed, which is often difficult to plan, there is no predictable.

広告
设计

第1章 广告设计概论

内容关键词：

广告 设计 视觉传播 溯源 发展 类型

学习目标：

◎ 理解广告与广告设计的基本概念

◎ 了解广告设计的溯源及发展

◎ 认识广告设计的基本类型特点

1.1　广告及广告设计的概念

- 广告的概念
- 广告设计的概念
- 广告设计与视觉传播

1.2　广告设计的溯源及发展

- 东方广告设计的发展
- 西方广告设计的发展

1.3　广告设计的功能

- 在信息时代，广告的宣传能力和执行水平直接反映了当地的经济发展程度

1.4　广告设计的类型

- 商业广告设计
- 文化广告设计
- 公益广告设计

1.5　专题拓展：

新中国公益广告发展史研究

1.6　思考练习

- 如何理解视觉传播是广告传播的最主要形式？
- 艺术与科学相结合是广告视觉传播的必经之路，如何平衡两者之间的关系？
- 广告专家乔治·加勒普（George Gallop）十分强调广告的情报功能，即广告叙述的内容在一定程度上会令消费者了解产品的情况、使用后的回报。如何更好地利用视觉创意来安排"情报"？

1.1 广告及广告设计的概念

1.1.1 广告的概念

何谓广告（Advertising）？关于广告的定义，多数学者从"广告"二字的字面意义进行解析，即"广大的宣告"。据考证，"广告"一词源于拉丁文"Advertere"，可理解成是一切为了沟通信息、促进认识、引起注意的传播行为。14 世纪之后，演变为"Advertise"，含义则延伸为"吸引某人注意某事"或者"通知某人某情况以引起其注意"。17 世纪末，英国开始进行大范围商业活动，将盈利作为广告运作目标的状态成为主流。到了 21 世纪，仅在 2010 年一年间，美国的广告支出达 1425 亿美元，全球的广告支出则高达 4670 亿美元。

1894 年，美国近代广告先驱人物艾伯特·拉斯克（Albert Lasher）认为："广告是有关商品或服务的新闻。"广告是印刷形态的推销手段，其中的劝服功能开始显现。《不列颠百科全书》中对广告则解释为传播信息的方式，其目的在于推销商品、劳务，影响舆论和博取政治支持，如图 1-1、图 1-2 所示。

我国在 20 世纪 80 年代出版的《辞海》中给广告的定义是："向公众介绍商品，报导服务内容和节目等的一种宣传方式，一般通过报刊、电台、电视台、招贴、电影、幻灯、橱窗布置、商品陈列的形式来进行。"1994 年 10 月 27 日由全国人大常委会通过的《中华人民共和国广告法》规定："广告，是指商品经营者或服务提供者承担费用，通过一定媒介形式直接或间接地介绍自己所推销的商品或所提供的服务的商业广告。"

图 1-1 《空间将是我们的，航天先驱苏联人民万岁》
　　　苏联政治宣传海报，画布尺寸 8ft×11ft（1ft = 0.3048m）。

美国知名创业企业家威廉·阿伦斯（William F.Arens）在《当代广告学》一书中将广告定义为："是由可识别的出资人通过各种媒介进行的有关产品（商品、服务和观点）的有偿的、有组织的、综合的、劝服性的非人员的信息传播活动。"该书针对营销和广告提出了"制订大纲计划"，在直复营销、人员推销、销售推广以及公共关系、赞助与企业广告等关系的建立方面也提出了整合策略。

图 1-2 《抚摸虎崽真相》 PPK 公司 美国 2013

这是大猫救援（Big Cat Recuse）的户外公益广告（图 1-2）。广告试图改变公众对于观看马戏团以及与之合影的不良想法，揭露老虎幼崽被不断地剥削以谋取利益的残酷真相。

随着商业活动受到当下社会发展的同步影响，广告的定义以及延伸出的价值也在不断发生变化。同时随着科技的进步以及传播手段的多样化，广告也变得丰富多样，能够更有效地传播信息。

1.1.2 广告设计的概念

"设计"这一概念通常指预先描绘出执行项目的结果，比如样式、结构以及外观，往往要绘制基本的图样，是一种具有目的性的创作行为和创意活动，并且这个概念因时代和地域的变化会产生不同的理解。

"设计"一词是由拉丁语"designare"派生而来的，如法语为"desseein"、意大利语为"disegno"等，词义较为复杂。设计的理念最早可溯源到旧石器时代。"设计"一词在中国最早见于《三国志·魏志》："赂遗吾左右人，令因吾服药，密因鸠毒，重相设计"，但与现代意义上的设计概念有所不同，有"出计谋达到某种目的"的含义。在南齐谢赫《古画品录》中提到了"经营，位置是也"的概念，唐代张彦远在《历代名画记·论画六法》中也说到"至于经营位置，则画之总要"。"经营"在中国古代艺术作品论述中与"布局""结体""构图"形成互指关系，含义上与现代汉语中"设计"类似。此外，在战国时期各工种规范与工艺文献记录的著作《考工记》中强调了"设"的行为，"设色之工，画、缋、钟、筐、荒。"图1-3为唐长安城复原示意图，图1-4为中央电视台纪录片《大明宫》三维复原图。"匠人营国，方九里，旁三门，国中九经九纬，经涂九轨，左祖右社，前朝后市。"堪称中国古代城市规划与空间布局的实例。此处的关于"设"的含义则有制图、计划的内容。

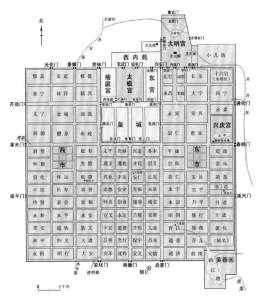

图 1-3　唐长安城复原平面示意图

图 1-4　中央电视台纪录片《大明宫》三维复原图

　　1563 年，西方美术史代表人物意大利佛罗伦萨画家瓦萨里（Giorgio Vasari，1511—1574）就已创建了一所专门的艺术教育机构：Accademia delDisegno。这一机构作为现代艺术学院的滥觞，是西方视觉艺术理论发展的关键载体（图 1-5）。

　　"design" 作为外来词汇，在 20 世纪传入中国时被当作 "图案" "工艺美术" 来解释。著名中国绘画史论家、美术教育家俞建华先生在《最新图案法》写道："国人既欲发展工业，改良制品，以与东西洋相抗衡，则图案之讲究，刻不容缓！上至美术工艺，下迨日用杂器，如制一物，必先有一物之图案，工艺与图案实不可须臾离。" 此处提到的图案则明显带有纹样设计、模型及平面构成的含义。

　　综上，设计是计划、规划、构想或寻求解决问题的途径与方法，包含了一切赋予创造性的，为相关目的而进行的物质生产，包括精神和作品设想、安排、布置等设计观念。

图 1-5　《圣吉罗拉莫的诱惑（Tentazioni Di San Girolamo）》　1523

面板油画，165cm×117cm，意大利画家、建筑师、艺术史家乔治·瓦萨里（Giorgio Vasari）作品。

　　广告设计的相关概念产生于 19 世纪下半叶到 20 世纪初的第二次工业革命。该时期以大量生产技术的发展为特点，可以说广告业的蓬勃发展是当时生产力和经济高度发达的产物。整个广告发展的过程中，设计担任了至关重要的角色，是沟通广告主与广告接受者即消费者之间的视觉桥梁。其中运用的视觉构成原理及创意思维使得广告达到宣传产品的绝对目的。

　　广告设计的思维过程需要依托艺术设计学科扎实的知识体系和审美规律。传统的平面广告设计作品一般以二维的平面视觉作为宣传形式，一般由视觉图像、广告语、产品名称和宣传文案、企业名称及联络方式组成，同时在企业的宣传过程中运用 CIS（企业识别系统）进行整合，提升整体宣传设计的统一性和凝聚力；系列广告则通过相同的版式排列以及统一的创意形式进行设计，具有美感的同时，对企业品牌的宣传同样具有促进意义。图 1-6 是宜家家具销售宣传广告。

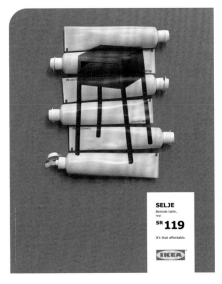
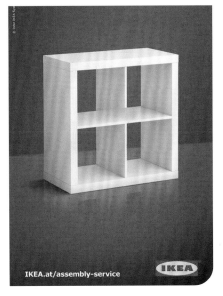

图 1-6　宜家家具销售宣传广告　DDB 广告设计公司　德国　2013

1.1.3　广告设计与视觉传播

优秀的广告作品可以使人产生一种持久而稳定的审美愉悦，给观者留下深刻难忘的美好印象，呈现丰富而有创意的一瞬。广告传播是一种传递信息给公众的方式，也是以公众为中心、与市场营销策划相结合、经营和策划周密的、全方位的传播行为。广告传播媒介是广告传播活动的重要组成部分，是广告计划实施的传播载体，是具有丰富内涵和外延的传播工具。

广告的传播形式以公众的视觉接收为出发点，传递的信息也跟随媒体的选择而进行改变。通常，市场定位、创意表现以及媒体的选择会极大地影响传播的效果。消费者行为学认为消费者从接收到信息到最终达成消费会经历注意（Attention）、兴趣（Interest）、欲望（Desire）、记忆（Memory）、行动（Action）五个阶段。

在这一过程中，广告设计把广告主题诉诸感觉，引起目标受众的注意，在表现形式上追求创新、创意，通过广告画面的占比对比、色彩对比、强弱对比以及编排版式上的独特性，使得广告具有鲜明的记忆点和个性特征，令作品在视觉传播上具有吸引力（图 1-7）。

图 1-7　《Heart to Heart, let nothing keep us apart》　Icon 广告公司　迪拜　2021

精心制作的视觉效果会刺激味蕾，鼓励观众立即寻找甜点。设计师开发出一种既简单又复杂的视觉效果，突出了 Besco 饼干中两个关键元素之间的美丽和谐。通过对整个视觉细节的关注，以及令人愉悦和舒缓的配色方案，呈现的视觉不仅仅是眼睛所能看到的美丽（图 1-7）。

广告主题需要引起目标受众的注意和兴趣。广告活动的第一步是制订能够吸引目标消费者注意的广告主题，之后针对消费的不同需求，如生理需求、健康需求、社交需求、安全和情感需求等进行设计，以此来激发消费者进一步了解广告内容的欲望（图 1-8）。

对于简单明了的记忆点，要充分运用多种视觉表现手法，对观者进行有效劝说，不失时机地进一步刺激其想要得到和拥有此服务或信息，即有个性的广告画面，要让广告接收者留下"记忆"。

图 1-8　《疼痛之音（The sound of Pain）》　Cafehyna　广告公司　巴西　2021

如何让人们对偏头痛患者有更多的同理心，并理解发生危机的感觉？多里尔（doril）止痛药的广告表现了偏头痛危机。报告和图片被解码并转换成声音和有冲击力的图像，表明偏头痛不是玩笑（图 1-8）。

广告的视觉表现是创意的具体体现，是广告创意的继续和深化，也是信息传播活动中不可缺少的重要内容。设计师要重视表现手法的学习和研究，把握各种表现手法的审美特征，正确地加以应用。文字表述和图形设计是两个不同领域的艺术范畴，成功的艺术表现是再创造，而不是简单的广告创意呈现（图1-9）。

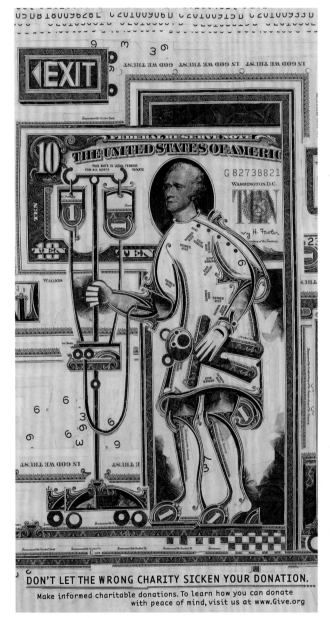
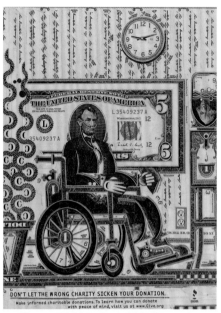
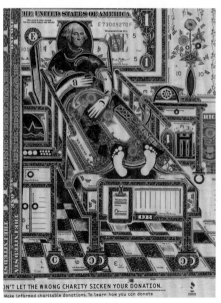

图1-9　《病秧金钱（$ick Money）》　Harrison/Star　广告公司　美国　2020

图1-9是美国 Harrison/Star 广告公司为 Give.org 投资机构制作的平面广告。从视觉表现上充分结合美元的特征，在创意上利用具有纸币特征的装饰图形，效果醒目，充满想象，应用了变形、夸张、跨越媒介时空的手法，显得幽默、生动，使公众在笑声中接受信息。

1.2　广告设计的溯源及发展

　　广告是作为人类信息传播、交流的一种基本手段出现的。从广义的角度来讲，自从有了人类社会，就出现了广告活动。人类从最初的原始社会开始，便是以群居的方式组织在一起的。从物种进化的角度来看，人类自身的条件与其他物种相比处于弱势，但在恶劣的进化条件下，人类的大脑开启了疯狂的输出模式：能够更准确、更全面地表达和交流信息，在物竞天择、适者生存的时代环境里占据了绝对的优势。

　　广告的传播和接受，必然要结合人类感觉器官。从人类对广告的接受程度来看，视觉广告和听觉广告是人类历史上两大基本的广告形式。

1.2.1　东方广告设计的发展

　　广告在中国的产生发展古已有之。漫长的中国古代社会中，由于传统农业大国的商业活动一直没有得到相应的重视，因此，中国古代的广告基本形式相对单一，手法相对落后，内容相对陈旧。最原始的广告形式，是以实物陈列和叫卖来引起人们的注意，即中国古代的听觉型广告。

　　《韩非子》记载的"自相矛盾"从传播学的角度来讲，是古代听觉型广告的一种常见形式——叫卖（图 1-10）。作为简单、直接的广告形式，商贩还将讲述内容编唱成各种曲调韵语用来吸引顾客。宋人高承所著《事物纪原》卷九记载："京师凡卖一物，必有声韵，其吟哦俱不同，故也采其声调，间以词章，以为戏乐。"另外，明代汤显祖《牡丹亭·闺塾》有唱："你听一声声卖花，把读书声差"。

　　此外，在古人诗词歌赋中也时常留下精彩的广

图 1-10　19 世纪末日本街头的商贩

告推广：曹操《短歌行》"何以解忧，唯有杜康"；杜甫《房兵曹胡马诗》"胡马大宛名，锋棱瘦骨成"；杜牧《清明》"借问酒家何处有？牧童遥指杏花村"。最经典、呈现效果最好的当属东坡居士苏轼为一售卖馓子（类似于油条的食品）的女子所作的诗《寒具》："纤手搓来玉数寻，碧油煎出嫩黄深。夜来春睡浓于酒，压匾佳人缠臂金。"代声广告的出现则是利用各种响器来代替人的声音进行传播，不同的行业有能够表明自己经营内容的响器。

视觉广告在中国有着非常悠久的历史，最初的视觉广告以实物的形式进行展示。比如《晏子春秋》中记载的"挂羊头，卖狗肉"，实际上便是实物广告的一个案例。

招幌（招牌和幌子的合称）不同于某些不宜存放的商品实物，有着完整独立的呈现形式，在呈现方式、形状以及色彩上有着非常鲜明的特征，便于露天展示（图1-11）。北宋张择端《清明上河图》中就描绘了店铺酒家不同的招牌以及酒旗。例如"赵太丞家""杨家应家""刘家上色沉檀拣香"和"王家罗匹帛铺"等。招幌内容因经营的规模、内容、商品以及档次等因素而有所不同，尽显民间特色。

后来随着商业广告的进一步发展，出现了诸如"同仁堂""雷允上""采芝斋""广誉远"等名号。店铺本身也开始注重设计和装饰。同时，为追求吉祥寓意，店铺门口两侧贴楹联，这也构成了中国古代视觉广告的另外一种形式。

图1-11　1926年中国香港九龙尖沙咀街头实景

印刷广告的出现称得上是视觉广告发展的一个里程碑。中国现存最早的雕版印刷广告是北宋时期山东济南的刘家功夫针铺的印刷广告，现存于中国国家博物馆（图 1-12）。该广告雕刻在一块铜板上，铜板高 13cm，宽 12.5cm，正上方刻着"济南刘家功夫针铺"的标题，下边则非常详细地介绍了店铺的经营内容，主要产品是绣花针。字号下方的中央区域有一只正在磨杵或者捣药的白兔，当然，这样的设计是有用意的：绣花针的消费群体主要是女性，为了能让她们清晰地辨识并记住产品，图画是传递信息的最好方式。而为了提醒消费者们认准这个商标，老板还在画面两侧留下了"认门前白兔儿为记"的字样。可见，此时"商标保护"的意识已有所体现，充分显示了中国古代在商业广告上所达到的高度。

从整体看来，此雕版印刷广告中白兔捣药的图案相当于店铺的标志，广告化的文字宣传突出了产品的原材料、质量、销售方式和营销手段等。这样的商标设计能起到广告宣传的作用，可以说是中国古代相对完整的平面广告作品。

1985 年，湖南沅陵出土的元代墓葬中，在女棺随葬品中发现两张商品包装纸，正反两面都印有印刷广告"潭州升平坊内白塔街大尼寺相对住，危家自烧洗无比鲜红紫艳上等银朱，水花二朱，雌黄……四方主顾请认门首红字高牌为记"（图 1-13）。此文物一尺见方，由优质黄毛边纸制成，其上所书的文字明确表现了店铺的详细地址，所售商品的品种、质量和特性。文中还有"请认门首红字高牌为记"这样典型的广告用语，充分反映了广告印刷的普及和功用。

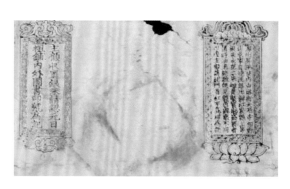

图 1-12　济南刘家功夫针铺雕版原件及印刷件　　图 1-13　湖南沅陵出土的元代商品包装纸

到了近代，1840 年鸦片战争的爆发拉开了中国近代史的序幕，西方企业迅速在中国迅猛发展，同时中国近代民族工商业的发展也进入一个新的阶段。各种广告媒介和宣传内容随着社会变动产生了多种形式，尤其是报纸广告和杂志广告引进到中国，如 1853 年香港出现的第一份中文报纸《遐迩贯珍》于次年 11 月刊登了第一篇招揽广告的启事。1872 年，《申报》在上海创刊，广告所占比重逐年上升（图 1-14）。总体来看，20 世纪初中国广告也取得飞速发展，但极不均衡。

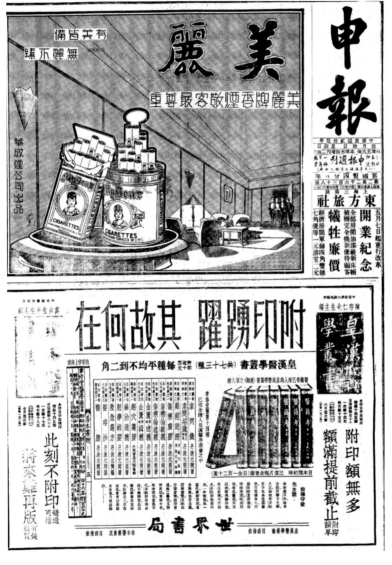

图 1-14　《申报》（1936-05-10）　美丽牌香烟广告

如图 1-14，《申报》由英国人欧内斯特·梅杰（Ernest Major，1841—1908）于 1872 年创办。1923 年，所有权归史量才（1880—1934）所有。《申报》的诞生是中国现代报纸开端的标志。它前后总计经营了 77 年，共出版 27000 余期，出版时间之长、影响之广泛，在中国新闻史和社会史研究上都占有重要地位，被人称为研究中国近现代史的"百科全书"。

1.2.1.1 《东方杂志》不同时期广告发展概况

《东方杂志》于 1904 年 3 月 11 日由商务印书馆于上海创刊，抗战中曾转移到长沙、香港，抗战后返回；1948 年 12 月停刊（后曾于 1967 年在台湾复刊，于 1990 年停刊），是民国时期的人文综合杂志。先后辟有社说、谕旨、内务、军事、外交、教育、实业、小说等 15 个栏目。

1840 年鸦片战争的爆发，不仅是中国历史上重大的社会转折点，也代表着中华民族存亡危机的到来。此时中国遭遇了"数千年未有之大变局"，民族生存危机和政治危机、文化危机同时到来。《东方杂志》的创刊正是以这三大危机为背景的。

《东方杂志》是近代商务印书馆最重要的刊物，刊登了数目庞大的广告，称得上近代广告发展的缩影，被誉为"中国近现代史的资料库""知识巨擎"等。

（1）《东方杂志》中广告设计的初始阶段（1904 ~ 1911 年）

随着商业竞争的加剧，华商开始对于广告的作用产生极大的兴趣。兴趣又逐渐转化为需求，于是广告成为商业竞争的重要手段之一。此阶段的广告内容多自行设计，几乎全为文字内容，形式冗繁，缺乏规则性，但注重分割的视觉排列（图 1-15、图 1-16）。

图 1-15　《东方杂志》（1904 年 01 卷 01 期）　封面　　图 1-16　《东方杂志》（1904 年 01 卷 06 期）上刊登的图书广告

（2）《东方杂志》中广告设计的发展阶段（1912 ~ 1937 年）

此阶段中国仍处于内忧外患的局面，民族产业与外商竞争激烈，"救亡图存"的口号得到社会各界的积极认可。1911 年，主编杜亚泉对杂志栏目进行了极大调整，广告的表现形式也开始呈现多样化，出现了注重创意和图形设计的叙述方式（图 1-17、图 1-18）。

图 1-17　《东方杂志》（1919 年 16 卷 08 期）上刊登的烟业广告

图 1-18　《东方杂志》（1922 年 19 卷 13 期）上刊登的保险广告

（3）《东方杂志》中广告设计的停滞阶段（1938 ~ 1948 年）

全面抗战爆发后，中国的社会生产及人民生活遭受重创，经济凋敝，百废不兴，广告业发展停滞。为维持正常运作，《东方杂志》上刊登的广告比例与上一阶段相比大幅度增加，注重文字排版技巧，图形的设计较为简洁，有一定设计感，在该杂志封面设计上也有体现（图 1-19 ~ 图 1-21）。

图 1-19　《东方杂志》（1945 年 41 卷 20 期）上刊登的售书广告

图 1-20　《东方杂志》（1948 年 44 卷 09 期）上的时事专栏

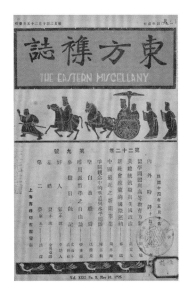

图 1-21 《东方杂志》封面

1.2.1.2 《中央日报》广告发展概况

《中央日报》为中华民国政府创办的中文机关报，由何浩若于 1928 年 2 月创刊于上海，彭学沛为首任总编辑。2006 年实体报停刊，改为网络报形式继续发行，实体报总计发行 28356 号。毕经猛的论文《〈中央日报〉及香烟广告中美术字的发展概述》搜集统计了该报 1928 ～ 1937 年刊登的香烟广告，仅 1928 年一年的数量就已达 1182 余幅（图 1-22 ～图 1-27）。

《中央日报》中的广告样式可基本概括为文字型广告、图像型广告、图文结合型广告以及文字图像化广告等，按照广告内容可大致分为香烟广告、银行金融广告、食品广告、药品广告、化妆品广告、日用百货广告、政府项目通告类广告、电影广告、汽车广告、学校招生广告等。这些丰富的广告形式不仅促进了当时出版业、印刷技术的发展，也改变了民国时期市民接受广告信息的形式，为商品快速推广提供重要平台。

图 1-22　大前门香烟广告

图 1-23　哈德门牌香烟广告

图 1-24　使馆牌香烟广告

图 1-25　政府通告类广告

图 1-26　香亚化妆产品广告

图 1-27　大前门香烟广告

1.2.1.3 《良友》广告发展概况

1926 年 2 月 15 日，一份图文并茂的大型综合性画报《良友》诞生于上海，创办人是伍联德先生。他先在上海一所小学任图画教员，后兼任儿童教育出版物的美术编辑。此次他筹资出版的《良友》，不仅登载国际国内军事、政治以及经济建设新闻图片，还介绍国内外文化艺术，且以西洋画新作为尤。此外，《良友》大量介绍时下流行的各种服装款式、发型，并向社会征集广告。《良友》中广告呈现不同风格，不仅是为了获取利益，更多地表现了编辑们的文人气质，结合主编独特的创刊理念，既反映市民生活，又表现当时人们追求的精神文化。该刊从内容编排、形式设计到印刷发行，一律采用先进的照相制版术印刷，从而突破了过去画报的局限。尤其是广告中大量装饰字体的运用，别出心裁，充满精巧的构思（图 1-28）。

作为一份大型综合画报，《良友》一出现便受到了大众的欢迎。1926 年 2 月创刊之时，创刊号共售出 7000 册，可谓一炮而红。随后，它的影响不断扩大，不仅在国内拥有众多的读者，在国外也享有很高的声誉，尤其受到华侨同胞们的欢迎。美国、加拿大、澳大利亚、日本等多个国家和地区都有《良友》的忠实读者，其影响十分广泛（图 1-29 ～图 1-33）。

图 1-28　《中国大观》在《良友》第 41 期所刊载的广告

图 1-29 　《良友》第 54 期刊登药品类广告 　图 1-30 　《良友》第 56 期司丹康美发霜广告

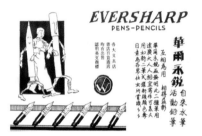

图 1-31 　《良友》第 55 期永锐牌水笔广告

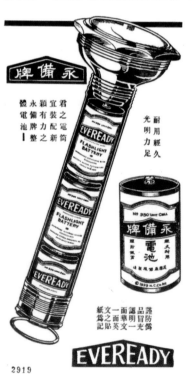

图 1-32 　《良友》第 55 期永备牌电池广告 　图 1-33 　《良友》封面

1.2.1.4 《花椿》（《HANATSUBAKI》）广告发展概况

《花椿》作为资生堂忠实顾客俱乐部"花椿会"的官方杂志，于 1937 年诞生。其前身分别是 1924 年创刊的《资生堂月报》及自 1933 年起发刊、为期 4 年的《资生堂画报》（图 1–34）。创刊沿袭《资生堂画报》精美风格的画面，介绍当时少见的欧美妆容与时尚信息等，提供丰富的前沿资讯。1975 年前后，为了响应世界女性解放运动风潮，《花椿》刊登了许多以新时代女性生活方式为焦点的特辑。

《花椿》在创刊时积极向读者提供海外最前沿的美容、时尚、生活方式等信息，并在 2016 年创办季刊杂志《花椿》与电子杂志《web 花椿》。

资生堂除了出版杂志《花椿》月刊外，还成立了花椿俱乐部，会员人数最多时达到千万。通过此媒介，资生堂成功地通过广告传播该品牌的化妆品。《花椿》也成为资生堂悠久历史、雍容气质和深厚内涵的象征之一（图 1–35 ~ 图 1–39）。

图 1-34　1897 年资生堂药局雄鹰标志　福原信三设计

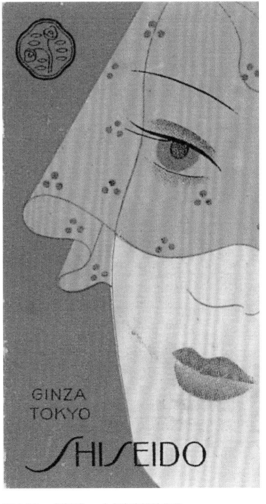

图 1-35　《花椿》　山名文夫设计作品

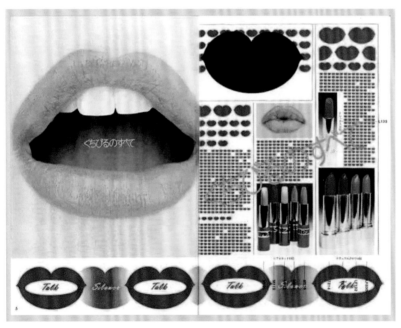

图 1-36　《花椿》杂志内页设计　仲条正义设计作品

1970 年起，仲条正义正式担任《花椿》艺术总监，《花椿》开始变得更为充满趣味与实验色彩（图 1-36 ～图 1-39）。

仲条正义曾说，"杂志弄得乱七八糟也没关系，我就是喜欢那样，太过漂亮反而无趣。"

图 1-37　《资生堂画报》，1935 年

图 1-38　《资生堂画报》，1937 年

图 1-39　《资生堂画报》，1938 年

1.2.2 西方广告设计的发展

西方最早的文字广告是公元前 1000 年左右古埃及一名奴隶主悬赏捉拿逃走奴隶的"寻人启事"。落款处记述了："能按照您的愿望制出最好布料的织布师哈布。"巧妙地广告了自身的织布生意。在庞贝（Pompeii）古城遗迹也发掘出了很多经济和政治广告，反映出在当时社会生活中广告已发挥着十分重要的作用。

之后印刷术的发明为报刊等平面媒体的创办提供了必要的物质前提。1666 年，《伦敦报》正式开辟了广告专栏，并成为该报主要的经济来源。

从 20 世纪初到第二次世界大战以前，广播成为第二大广告传播媒介。随后世界电视技术飞速发展，1841 年，富尔尼·帕尔默在美国费城开办了世界第一家广告公司。1988 年，相关数据表明美国广告支出已突破 2000 亿美元。

1.2.2.1 绝对伏特加（ABSOLUT VODKA）不同时期广告发展概貌

绝对伏特加是瑞典品牌的伏特加，在瑞典南部的奥胡斯附近生产。2008 年，原本拥有绝对伏特加的瑞典政府，将它售予法国企业保乐利加。

绝对伏特加是 1879 年由企业家拉尔斯·奥尔森·史密斯创建的，是全世界第三大烈酒品牌，仅次于百加得和思美洛，销往全球 126 个国家，美国为其最大销售市场。

1980 年，绝对伏特加广告代理公司美国 Carillon Lmporters 公司把创意业务委任给当时年轻的腾迈（TBWA）纽约办公室。时任 TBWA 纽约的创意总监 Geoff Hayes 考虑用名字和酒瓶开头的独特来表现质量和时尚。

Hayes 决定避开"Sweden"（瑞典），而力攻"ABSOLUT"（绝对）这个具有双重意思的字眼。1987 年，绝对牌伏特加在加利福尼亚州热销，TBWA 小组制作了一座酒瓶状的泳池，标题为"绝对洛杉矶"，以感谢加利福尼亚州对此酒的厚爱，没料到全美不少城市纷纷要求也来一张该城市的特写广告，于是就有了《绝对西雅图》《绝对迈阿密》等佳作（图 1-40 ～图 1-60）。

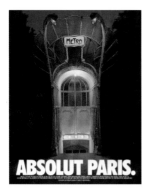

图 1-40 《绝对巴黎》

图 1-41 《绝对奥斯陆》

图 1-42 《绝对日内瓦》

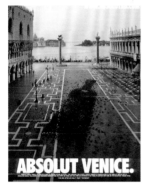

图 1-43 《绝对威尼斯》

图 1-44 《绝对阿姆斯特丹》

图 1-45 《绝对阿迪朗达克》

图 1-46 《绝对墨西哥城》

图 1-47 《绝对阿尔汉格尔斯克》

图 1-48 《绝对爱琴海》

图 1-49 《绝对亚斯本》

图 1-50 《绝对亚特兰大》

图 1-51 《绝对柏林》

图 1-52 　《绝对雅典》

图 1-53 　《绝对斯德哥尔摩》

图 1-54 　《绝对亚马逊》

图 1-55 　《绝对北京》

图 1-56 　《绝对贝鲁特》

图 1-57 　《绝对布鲁克林》

图 1-58 　《绝对布鲁塞尔》

图 1-59 　《绝对加利福尼亚》

图 1-60 　《绝对迈阿密》

1.2.2.2　典型西方快餐企业不同时期广告发展概貌

麦当劳是全球大型跨国连锁餐厅，1955 年创立于美国芝加哥，在世界上大约拥有 3 万家分店。在长达 60 余年的海报发展史中，麦当劳与老牌 4A 广告公司恒美广告公司（DDB 公司）、TBWA、李奥·贝纳广告公司和 Cossette 搭档，共同产出了上千张独具巧思的平面广告（图 1-61 ~ 图 1-63）。

图 1-61　20 世纪 60 年代初期麦当劳真材实料风格的广告
"You deserve a break today"，反映强调劳动回报的思潮。

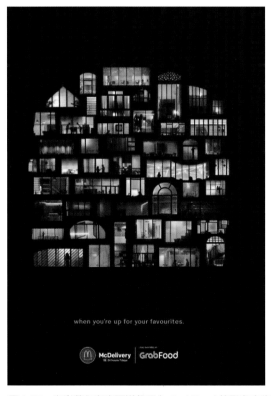

图 1-62　麦当劳与东南亚送餐平台 GrabFood 的联名广告

以窗子里面为构成元素，温馨的氛围最终组合成麦当劳产品的形状，充满温情。

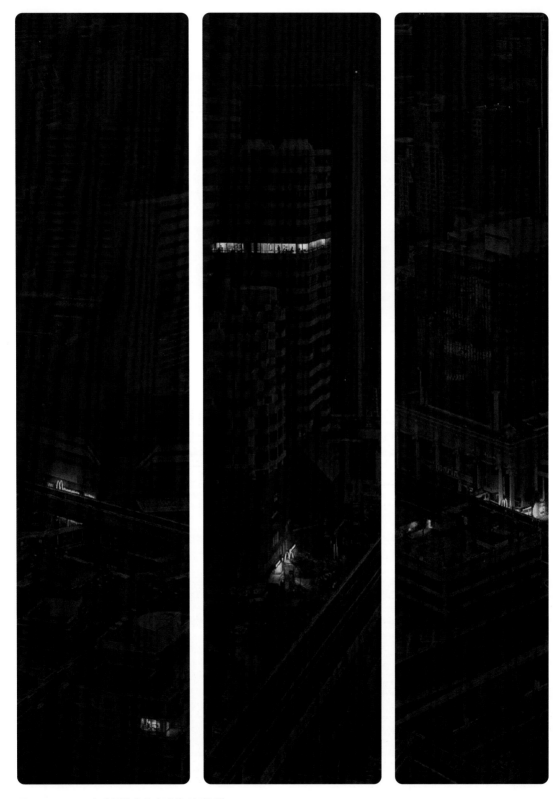

图 1-63　TBWA 在泰国推出的麦当劳夜间海报

　　鳞次栉比的街景中，深夜的顾客和店铺的两处灯光，相互呼应，充满情感的慰藉（图 1-63）。

肯德基是源自美国的快餐连锁店，总部设于美国肯塔基州路易维尔市，以炸鸡为主力产品（图 1-64、图 1-65）。

图 1-64　肯德基在 20 世纪 60 年代的宣传广告

图 1-65　肯德基热辣鸡系列广告　Illusion 影像工作室　泰国　2019

　　肯德基中国香港分部的市场营销总监 Shirley Chau 说："即将到来的首映式是一个绝佳的机会，肯德基用海报来提醒顾客，享受电视节目的最佳方式，就是抱着一桶 Hot & Spicy 边看边吃。"

　　奥美中国香港执行创意总监 John Koay 补充："这个新的广告战役是一个具有全球影响力的影视剧的认可，这真的能看出肯德基很有趣。并且肯德基向大家展示了，品牌如何利用流行文化、让自己和流行文化建立关联。"（图 1-65）。

1.3　广告设计的功能

在信息时代，广告的宣传能力和执行水平直接反映了当地的经济发展程度。广告设计依托艺术设计学科深厚的知识体系发挥着重要的功能，有效地传播宣传内容的整体形象，使广告接收方迅速准确地了解信息（图1-66）。具体来看，广告设计拥有以下三种功能。

功能一：广告设计可以推动社会经济发展，促进物质文明进步。广告制作所包含的设计、策划、营销、印刷、传媒等一系列行业伴随着经济的蓬勃发展，充满活力和内涵。作为一种实践性很强的行业，它始终传递一种信息，即广告的本质既不是科学，也不是艺术，而是一门技术。

图1-66　Peter Jaworowski 创意书籍活动宣传广告　CGI　2011

功能二：广告设计可以提高相关企业的综合实力，促进相关行业的有序竞争和发展。"推销产品不做广告，犹如黑夜之中暗送秋波。"广告所传播的信息，是广告主从企业形象或商品、服务中整合之后生成的。广告主依据自身的经营管理目标而构成自己的信息系统，向特定的目标市场，运用艺术手法实行广告实践，进行信息的推广和交流（图1-67）。

图1-67　《宜家的客厅》（IKEA's living room）路牌广告　2015

此广告拼成"JOY"快乐的字眼，象征去宜家的旅程也是如此。

功能三：广告设计是将经过艺术处理后具有较强影响力、感染力和诱导力的信息汇总后，通过大众传播媒介，向公众传达。现代广告设计是设计艺术领域中最为产业化和高度社会化的艺术形式，在丰富人们物质文化生活的同时，也推动社会精神文明的进步（图 1-68）。

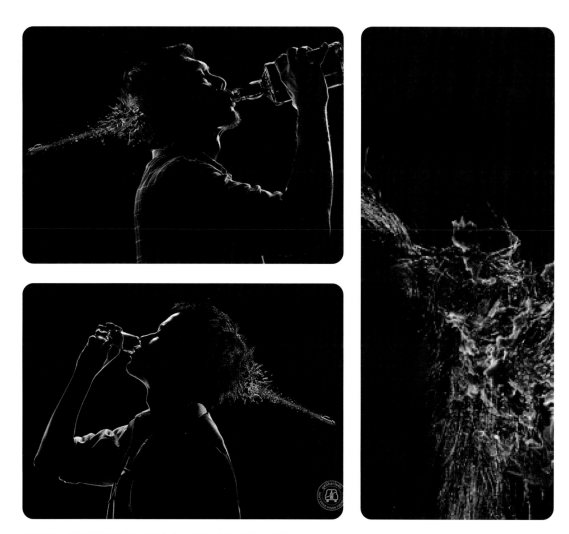

图 1-68　拒绝酒驾基金会公益广告　李奥·贝纳公司　美国　2013

李奥·贝纳公司的创意总监 Ariyawat Juntaratip 为拒绝酒驾基金会（Don't Drive Drunk Foundation）制作了这个充满创意的酒后驾车案例（图 1-68）。

1.4　广告设计的类型

广告学科涉及面较为广泛，与经济学、社会学、市场营销学、传播学、心理学、语言学、统计学、设计美学等学科关系都非常紧密。研究领域的宽泛，造成广告的分类需要系统性。广告设计按照广告的性质分为以下几类。

1.4.1　商业广告设计

商业广告传播的信息不仅使得企业从广告中获得相关经济动态、市场变化、竞争对手状况、市场前景与潜力等信息，并且在长期大量宣传下，潜移默化地影响消费者，创导消费潮流及时尚。商业广告正是人们认识商品的信息传播者（图1-69）。

图1-69　乐高公司广告《构建未来》(Build the future)　奥美公司　曼谷　2017

1.4.2 文化广告设计

文化广告是指征求、提供或传播关于科学教育、文学艺术、新闻出版、广播电视、体育卫生、电影戏剧、图书馆、博物馆等各种文化、艺术信息的广告（图 1-70、图 1-71）。

在这个物质极大丰富、生活由物质需求向更高的精神层面需求转变的时代里，文化成为商品的一部分甚至全部，各行各业都在用文化武装自己的产品与品牌，以增强其市场竞争的能力。所谓文化广告就是以各种文化形式为广告信息载体，使目标受众乐于甚至主动接受广告信息。

"知美学堂——中国艺术之美"系列大家讲座海报，如图 1-70、图 1-71 所示。"知美学堂"是一个以传播中国艺术之美为宗旨的文化品牌，由著名设计师、文化学者韩湛宁先生策划与主持。

图 1-70　知美学堂·唐人好色
尚刚讲座海报

图 1-71　知美学堂·云冈之美
杭侃讲座海报

图 1-72　知美学堂·天下龙泉
王光尧讲座海报

图 1-73　知美学堂·一纸传心
原博讲座海报

图 1-74　知美学堂·不散的筵席
张朋川讲座海报

该讲座第三季共有八讲，系列海报由"知美学堂"总策划兼主持韩湛宁亲自操刀。海报以篆书为视觉主体，笔画方整，转折圆润，结体顾盼相生，尽显篆字之美（图 1-72 ~ 图 1-74）。

1.4.3　公益广告设计

公益广告是不以营利为目的而为社会提供免费服务的广告活动（图 1-75）。公益广告日益增多，在对全社会进行道德和思想教育中发挥了重要作用。公益广告拥有广泛的广告受众，从内容上来看大都是人们关注的社会性题材，这就更容易引起公众的共鸣。因此，公益广告往往深入人心。

图 1-75　《不要把欢乐带出城市》(*Don't Take the Joy Out of the City*)　Genesis 公司　加尔各答　2019

1.5 专题拓展：新中国公益广告发展史研究

新中国公益广告发展史的研究目标是什么？这看似是一个广告学的研究课题，实则重点落在"发展"与"史"上。对于历史的研究，关注点不能仅限在某一学科领域，否则观点必将局限于现象本身，应该让视野更加开放，并综合更多社会学科。"发展史"则是要区别于"史"而更突出历史的进程。在对当前国内外学术研究的梳理中我们得出结论，即广告学的理论体系更多侧重于商业广告的营销策略与系统构建，对于公益广告理论研究而言不够全面。而公益广告的相关理论探究都是针对某一方向的方法论探究，对于历史的深度解析不够重视。我们能够查阅到的文献资料中对于这段时期公益广告的简单介绍，仅限于历史信息陈述，而极少有分析研究。所以，这部分内容至今仍是广告学中的薄弱环节。对中国公益广告发展史的研究自然不能仅停留于公益广告本身的现象，因为这一现象只是借助于信息媒介的传播活动，而背后则是中华人民共和国自成立至今，一直需要向公众表达的各种社会问题。自 1949 年来，我国从计划经济体制走向市场经济体制，社会面貌的翻天覆地的变化导致了公益广告发生质变，曾经的广播、大字报以及各种喊口号式的宣传标语开始更多被有生动情节的影像视频取代。虽然一些传统公益广告形式依然存在，但也随着社会前进的脚步，逐步被各种新形式取代。这些现象背后的因素，在广告学领域的研究中往往都是仅限于被提及，很少有深入的研究。广告行为作为品牌形象的宣传行为之一，也被设计学当作重点研究对象，其中公益广告研究中所突出的观念输出与表达形式，更符合设计学理论所强调的功能形式与艺术表现，因而设计学理论参与到新中国公益广告发展史研究中具有必要性。对于某一现象的科学研究不应该设立学科边界，反而要以更综合的视角来探讨其本质，这也是我们运用设计学理论研究新中国公益广告发展史的核心观点。

1.5.1 从设计学与广告学的角度辨析

广告学作为一门交叉学科，其研究视角和理论支撑多种多样，涉及心理学、社会学、历史学、符号学、修辞学以及旅游学等多个学科的多种理论，研究视角与方法也各具特色。广告学综合了多种学科理论，研究者来自各种人文社科领域，但因为深受西方的广告理论体系影响，关于广告的研究方向大多都是基于传播与策略类，极少有针对历史的研究。研究历史的学者不会针对广告进行特定的学术探讨，出版的著作也几乎都是通史类，更不会有深入的研究，所以广告史一直是广告学学科建设中相对薄弱的部分。设计学同样是交叉学科，与广告学极为相似，心理学、社会学、历史学、符号学等也都在设计学的理论中，因此研究方法与理论存在着互通。而且设计之本立足于人类自身与造物之间的关系，立足于创造生存、生产与生活的美好。这不仅是设计学所追求的目标，更是公益广告所追求的目标。作为设计学中的哲学思想，设计美学一直致力于探讨社会美，探讨人类长期以来的社会实践与生产劳动所产生的形式美，更是探讨形式与功能的和谐统一之美。设计美学是人的本质力量在造物创造活动领域的直接展现。因此，公益广告中必然存在着设计美学思想。这是一块未被探索的领域，极有必要将设计美学作为核心思想对公益广告现象进行论述。

对于广告的研究，尤其是新中国公益广告发展史这样特定时间段特定领域的现象研究，我们始终认为设计学将在研究中扮演极为重要的角色，而设计学对功能与形式的辨析，以及对艺术表达的重点关注也是广告学建设中较为轻视的部分。

1.5.2 从设计学角度看新中国公益广告发展史

设计的最终目的是要解决问题，公益广告要解决的问题就是传播信息。传播怎样的信息，为什么要传播信息，通过怎样的方式传播信息，这些角度就是设计学所关注的重点内容。怎样融合这些不同的角度，以及怎样满足人们的审美需求，就是设计美学思想的核心。我们所关注的重点，将回到中华人民共和国成立之初，对社会环境追根溯源，分析政治、经济、人文的发展历程，从这些维度探讨公益广告的产生。这样的研究方式将使得对公益广告发展史的研究变得丰满。我们不能停留在广告本身这一现象层面，而要透过现象看本质内容，本质就是社会的变迁所发生的改变。此外，信息传播媒介也在这一时期发生了巨大变化。自中华人民共和国成立以来，我们经历了三次信息革命。从最开始的纸媒与无线电广播收音，变成了电视屏幕，再到连接互联网的电脑，以及通过手机能够随处使用的移动互联网，我们的信息接收渠道在短短几十年间已经发生了不可逆的改变，而这也是公益广告从近代迈入现代的又一因素。不同的信息媒介使公益广告出现新的形式，也让早先的一些公益广告理论不再适用于当下，但公益广告的功能近乎趋向一致，对于形式与功能的讨论就是设计学的范畴。当前中国拥有先进的智能互联网技术以及最繁荣的智能互联网市场，这为新的公益广告形式提供了充分条件。未来的市场是中国的，我们也将从新中国公益广告发展史中找寻可以适用于今后的公益广告理论架构。

1.5.3 设计学对研究新中国公益广告发展史的优势

"发展史"的研究不只是罗列信息，"史"更需要鉴今，所以要对客观事实进行辨析，从中找寻规律并总结归纳出成果。设计学参与其中，对历史事实的论述以及对成果的总结归纳都有独到的优势。对历史的论述，设计学永远在探寻最本质的内涵，以种族、时代、环境为坐标进行梳理，通过理性的思路整理历史发展脉络。对于历史的研究永远需要面向未来，研究成果若无法为实践提供相关理论依据，那么对历史的研究终将是徒劳的。以设计学角度研究新中国公益广告发展史，不仅是为了探讨社会环境、人际沟通以及信息技术等因素之间的关联与竞争，更要将设计学优势发挥在课题研究的结果呈现上。把漫长的历史时间轴设计成直观的信息可视化图表，这将使研究成果的阅读成本显著下降，也将使研究成果为相关领域其他工作提供可靠参考。

1.6 思考练习

◆ **练习内容**

1. 对 20 世纪月份牌广告的形式变迁进行总结。

2. 考量各个阶段月份牌的艺术特点，分析不同艺术表现形式对月份牌美学意义的影响。

◆ **思考内容**

1. 如何理解视觉传播是广告传播的最主要形式？

2. 艺术与科学相结合是广告视觉传播的必经之路，如何平衡两者之间的关系？

3. 广告专家乔治·加勒普（George Gallop）十分强调广告的情报功能，即广告叙述的内容在一定程度上会令消费者了解产品的情况、使用后的回报。如何更好地利用视觉创意来安排"情报"？

更多案例获取

Neo-Platonism Plotinos.

Beauty is a kind of goodness, integrity of character,
purity of habit, and strong courage.

美是一种善，性格的正直，习尚的纯洁，坚强的勇敢。

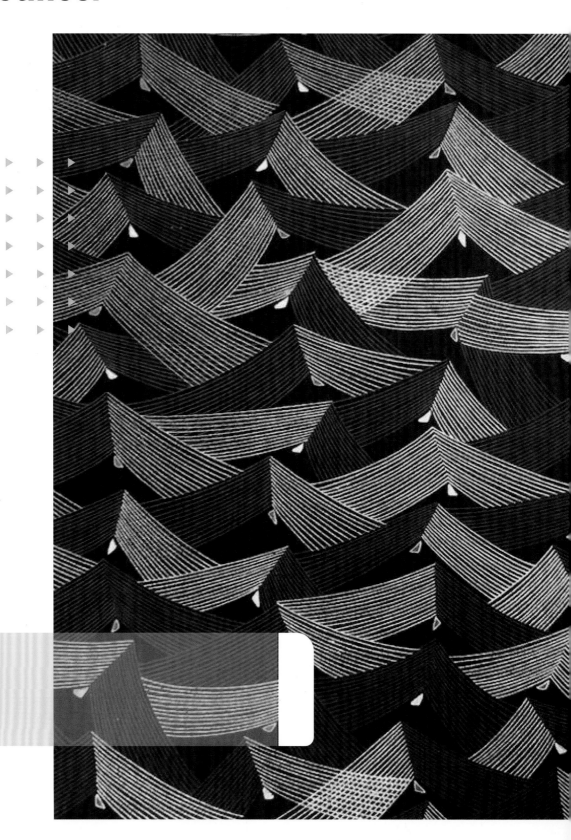

第2章 广告设计运作环节概述

内容关键词：

环节 流程 策略 规则

学习目标：

◎ 熟悉广告设计运作的基本流程

◎ 了解广告设计的目的、主要内容和规则

◎ 认识美国著名广告大师李奥·贝纳及其公司经营策略

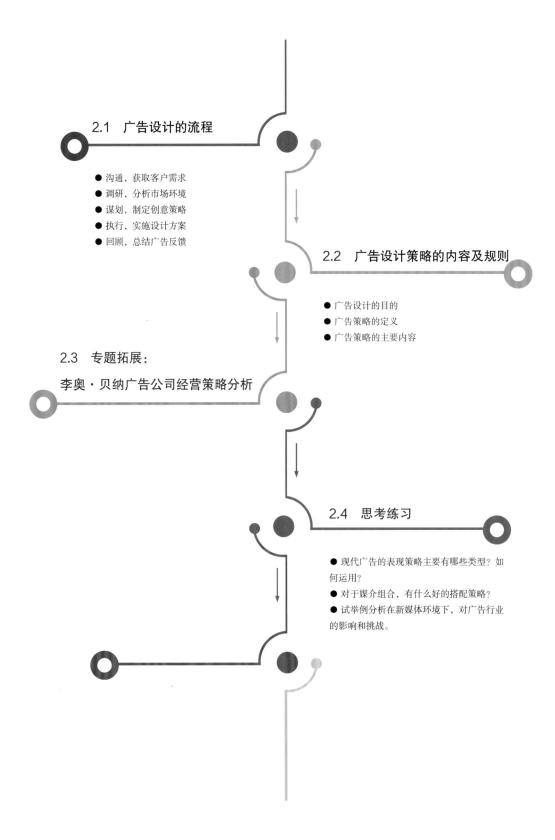

2.1 广告设计的流程

- 沟通，获取客户需求
- 调研，分析市场环境
- 谋划，制定创意策略
- 执行，实施设计方案
- 回顾，总结广告反馈

2.2 广告设计策略的内容及规则

- 广告设计的目的
- 广告策略的定义
- 广告策略的主要内容

2.3 专题拓展：

李奥·贝纳广告公司经营策略分析

2.4 思考练习

- 现代广告的表现策略主要有哪些类型？如何运用？
- 对于媒介组合，有什么好的搭配策略？
- 试举例分析在新媒体环境下，对广告行业的影响和挑战。

2.1　广告设计的流程

广告设计是科学系统化的程序。在品牌方案的准备阶段就要加强自身的竞争优势，发掘出需要解决的问题，借广告来达到推销自己产品或是提高本企业的知名度的目的。

2.1.1　沟通，获取客户需求

目标市场是指通过市场细分被广告主所选定的准备以相应的品牌、产品或服务去满足现实或潜在的客户的消费需求。只有正确地选定了目标客户，用交流沟通达成默契，才能有针对性地根据客户心理需要，把商品信息通过不同的媒体传递给目标客户群（图 2-1）。

对于具体目标市场，广告要制定相应的策略，在一定时间内，广告设计需要注重消费群体自身的需求，以此选择和搭配不同的媒介进行广告信息的传递。

图 2-1　Rusanivska Gavan 住宅综合体房产广告　Looma 创意公司　乌克兰　2020

该广告的目的是传递一个简单的信息。Rusanivska Gavan 的建造已经完成，您已经可以拿到公寓的钥匙了。设计时充分考虑到目标客户的消费心理，减少期房的烦恼（图 2-1）。

2.1.2　调研，分析市场环境

面对产品同质化、媒体分流化、消费者注意力分散化的市场状况，广告创意方需要具体了解和认识市场运行的状况和机制，通过调研分析市场环境，掌握市场趋向以及科学数据。

广告市场调研了解的是客观的实际情况，最终目的是要立足现在，把握未来，在广告方案落地实施之前，帮助广告主和广告代理公司了解广告计划在市场中的适应性和实施性，规避风险，减少资源的浪费。

2.1.3　谋划，制定创意策略

准确的广告定位有利于商品识别度的形成。在制定创意策略的阶段，要注意广告作为一种商业性活动的特质。广告创意是指在广告的范畴内具有独创性的立意、构思、观念和想法，这是一种综合的行为，必须经受市场调查的检验，符合产品的生存方式。

制定策略时需要注重思维的转换，通过联想与想象及时转换思维跨度，使观者主动地从一个事物跳跃联想到另一个事物，寻求其中的相似点或相反点，达到信息传播的目的。要将产品或者信息通过艺术的表现方式予以传达，同时也要注重诉求的合理科学（图2-2）。

图 2-2　尼桑汽车广告《故事从这里开始》（*Your Story Starts Here*）　TJ 广告公司　伦敦　2015

该团队联合摄影师安迪·格拉斯，首先运用 3D 技术对每个布局进行预可视化，探索并锁定构图和相机设置，这为安迪在拍摄所有不同元素时提供了方便。然后再无缝地将所有东西组合在一起，并构建成一套完整的视觉广告。通过联动性呈现方式，最终提升了整个产品的风格气质（图2-2）。

2.1.4 执行，实施设计方案

执行阶段的效果直接表现在最终的销售和反响上。现如今广告传播的途径纷繁复杂，内容铺天盖地，当企业由单一产品向多元化、综合性集团企业发展时，单纯的产品广告在营销中便显得势单力薄，必须借助企业形象的扎实定位，宣传产品优点的同时，树立企业文化的唯一性，将产品内容的市场、商品品质、宣传观念进行清晰定位。

计划安排和媒体选择是广告主与广告宣传对象之间非常重要的一个沟通环节，包括媒体分配、地理时间分配、内容分配以及各流程使用频率、时间等。不同广告媒体在传播形式、社会影响、传达率、接触率、费用率等方面都有很大区别。例如，印刷媒体的推广多应用报刊、海报等；分镜头脚本则多应用在视频媒体上。企业可通过合理选择媒体投放相应内容，达到广告营销的目标。

2.1.5 回顾，总结广告反馈

感性思维与理性思维的充分碰撞才能带来较为成功的设计。依据广告最终的落地反馈，总结团队的设计及思维能力。如图 2-3 为秘鲁 DBB 广告公司针对颜料产品设计的精彩的静态广告。

以下总结的素养是至关重要的：敏锐洞察市场动向和信息接收者心理的能力、敏捷的反应能力、良好的工作效率、想象和创新能力、应变和说服过程中的团队协作能力、团队管理和规划控制能力以及成本意识的建立。及时在方案结束之后进行总结和反思对于一个好的广告创意团队而言，是不可或缺的环节。

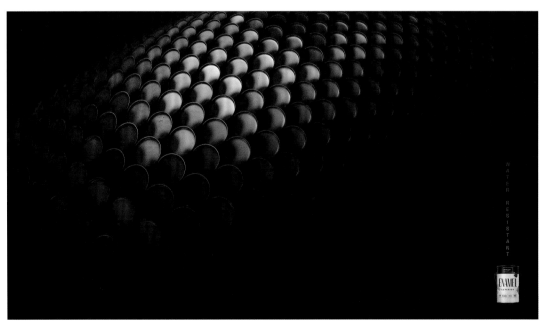

图 2-3

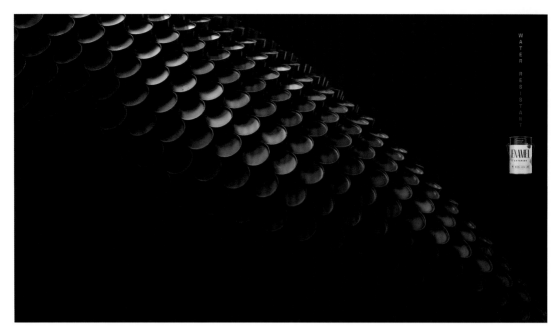

图 2-3 《鱼鳞·美国色彩》（*American Colors*） DBB 广告公司 秘鲁 2021

该设计团队依据委托方美国印刷色彩组织的需求，将不同色彩的颜料截面按照色相渐变的形式组合成鱼鳞的形状。因丰富的可视性而成为具有吸引力的图像载体，加深消费者的印象（图 2-3）。

2.2 广告设计策略的内容及规则

2.2.1 广告设计的目的

广告设计在一定程度上可以理解为广告的艺术创作，是使广告主题艺术化的过程。目的就是准确地传播广告信息，让主题变成消费者最容易接受、最容易受触动、最容易记忆理解的艺术形式，同时引导消费者产生购买行为。

广告创意魔岛理论的集大成者，美国广告创意设计大师詹姆斯·韦伯·扬（James Webb Young）在《产生创意的方法》一书中说道："广告艺术创作过程的规律反映了一切创造性思维的特点。"

2.2.1.1 4P 营销理论

该理论是 1960 年由美国市场营销专家麦卡锡教授提出的。根据营销活动的具体实践，麦卡锡教授总结出 4P 营销策略组合理论，即产品（Product）、定价（Price）、渠道（Place）、促销（Promotion）。因此，广告设计应针对上述四个特征进行计划，共同维护和执行企业的品牌战略。

2.2.1.2　4C 营销理论

这是根据消费者的具体需求提出的营销理论,具体指的是消费者（Consumer）、成本（Cost）、便利（Convenience）、沟通（Communication）。这四个影响因素从方便顾客购买到为顾客提供方便都进行了不同程度的决策,运用广告的宣传功能,联结企业、产品和消费者。

2.2.2　广告策略的定义

广告设计的策略是在整体广告战略的指导下为实现战略目标而采取的手段和方法 , 是解决广告战略实施的技术性思考。广告设计的策略包括对目标市场的定位、目标客户的诉求、画面表现、媒体展示效果以及后续推进等内容。

于小菓是由知名艺术家、收藏家、设计师于进江先生联合友人发起创立,集中国传统点心文化收藏、整理、研发、创新为一体的文化食品公司（图 2-4、图 2-5）,其广告策略可以总结为“古为今用,创新中式点心”。

在产品前期的准备阶段,团队收藏了 7000 余块中国传统点心模具,通过对中国传统文化的研究与解读,复活传统点心的民俗节庆礼仪以及节气饮食养生文化,创新打造国人的随手礼,围绕传统文化不断开发更贴合市场和消费者需求的日常中式点心产品。目前市面上在售的有小菓酥、能量 TA、季节限定、月饼系列共 19 种产品。每种产品都有概括其特征的宣传语,例如香醇浓郁·解压神器,养元益智·暖心青年必备,回味悠长·满满内心戏等。

在品牌建立和推广的阶段,团队有针对性地在产品、技术、渠道以及文化加载等战略上进行升级开发。由于其新产品开发策略的稳定和专一,营销体系也始终保持高度的专业化。

图 2-4　《小点心·大文化》
广西师范大学出版社　于进江　2018

图 2-5　于小菓产品外观包装小鲜盒　2019

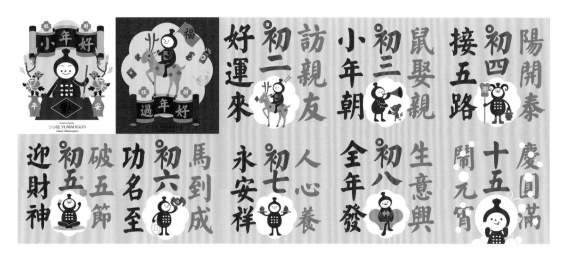

图 2-6　于小菓吉祥物及过年宣传广告

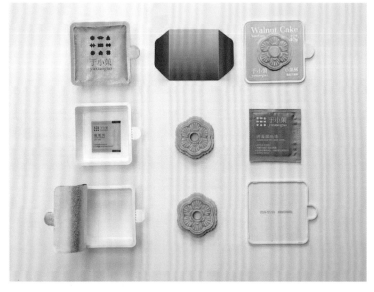

美国著名营销大师阿尔·里斯（Al Ries）在其广告营销思想中重点推出"定位法"，认为公司或者团队必须在预期客户的心智里建立起一个稳定的地位，要很清晰地分辨出公司的优势和不足，同时也要反映出竞争对手的优势和弱势。于小菓产品的整体广告策略主要针对传统文化，赋予产品极为丰富的文化属性。在宣传文化的同时，加深了产品的品牌属性，配合新颖的包装、精美的布景，也达到新媒体营销传播方式下推广发展的目的（图 2-6 ~ 图 2-11）。

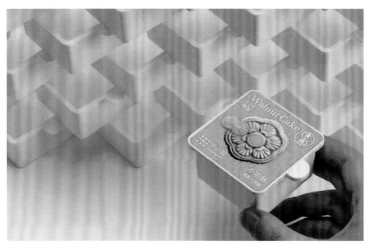

图 2-7　于小菓专利小鲜盒

于小菓注重保持点心的新鲜、酥脆、香甜。小鲜盒采用低氧锁鲜技术，利用脱氧剂在包装内形成低氧环境。隔油纸的设计防止油脂渗入而影响美观。小鲜盒专利包装包含一个盒体、自封盖、铝膜、湿纸巾、脱氧剂、隔油纸，确保了无与伦比的新鲜和乐趣。这个有趣的包装设计不仅满足了人们的审美需求，同时也激发了人们对点心的食欲（图 2-6、图 2-7）。

图 2-8　于小菓 "岁岁有福" 福禄饼宣传广告

图 2-9　于小菓饼类包装宣传广告

图 2-11　于小菓 "夜深花正寒" 中秋产品宣传广告

图 2-10　于小菓 "花想容" 中秋产品宣传广告

2.2.3　广告策略的主要内容

广告策略是从广告的各个环节或组成部分出发，为了贯彻战略方针、实现战略任务而采用的局部性手段或方式，具有很强的机动性和很大的灵活性，以及工作手段和操作方式上的艺术性。

2.2.3.1　广告的市场针对性策略

广告展示策略的制定和选择主要针对不同的目标环境和目标市场。市场占有率大的情况下，经过扩大经营规模和提高生产力的发展，保持以往的客户，同时争取和吸引潜在客户，即稳定原有的市场占有率，同时深度开拓已有市场。

在面对有差异性的市场需求时，需要采用不同的广告形式，以不同的广告文案和设计，表达有差别的广告诉求，有针对性地选择市场（图2-12）。

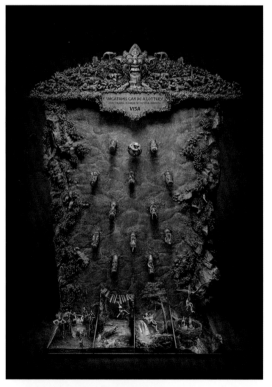

图 2-12　《假日》　BBDO　曼谷　2018

　　此广告运用三维渲染的手段将旅行中会遇到的危险直观形象地表现出来（图 2-12）。针对产品的市场指向内容，告诫游客不要等到需要的时候才想到保险的重要性。

2.2.3.2　广告的竞争策略

　　广告表现策略的制定在针对市场内容的同时也需关注竞争对手的发展。同质化产品较多、竞争较为激烈的情况下，要注意采用保证性广告策略或关注优势特点的比较广告策略，提高产品或企业的信誉和知名度（图 2–13）。

图 2-13　《速度和流畅》　emek　土耳其　2018

　　Faber-Castell 水笔为宣传其书写流畅，在广告元素的造型上结合速度飞快的实物，强调其产品的优势（图 2-13）。

2.2.3.3　广告的产品策略

产品的生命周期以及产品的个性决定了广告的最终投放效果。广告的最终目的是促进产品的销售。产品是否具有吸引力、是否能够满足消费者的需要，是企业经营成败的关键，也要考虑到产品的开发、包装以及形象策略的维持。

产品在刚刚引入市场的阶段，还未被消费者认知，其广告策略应侧重于树立新产品的个性形象，广告重点应放在加强对新产品的功能、特性介绍上，做有利于树立产品形象的工作。

销售量和市场占有率稳步上升之后，在表现策略上要突出品牌的内容尤其是在服务的优质和产品的售后内容方面进行有效宣传。同时注意延长产品的生命周期宣传，突出该产品不可替代的特点和优势，巩固原有的信誉和影响力（图 2-14）。

图 2-14　Zibert 啤酒广告 Saatchi 公司　乌克兰　2014

该广告运用三维技术将该品牌啤酒由纯正德国小麦酿造的品质直观形象地表现出来。稳步宣传其产品的优势，注重巩固其成熟的品牌影响力（图 2-14）。

2.3 专题拓展：李奥·贝纳广告公司经营策略分析

李奥·贝纳广告公司（Leo Burnett）由美国广告大师李奥·贝纳（图 2-15）于 1935 年创建于美国芝加哥。目前是全球最大的广告公司之一，是美国排名第一的广告公司，在全球 80 多个国家设有将近 100 个办事处，拥有 1 万多名员工，集品牌策划、创意、媒体为一体，为国际知名客户提供全方位的广告服务。

图 2-15　李奥·贝纳（1891—1971）

"这家广告公司是我的一切，只要我的名字能与公司相联，我就会继续关注公司的经营理念、风格以及前途。"

公司创始人李奥·贝纳很有魄力，对待工作充满了激情。他对广告质量的追求和坚持渗透在公司的传统中，帮助像万宝路、麦当劳、凯洛斯、迪斯尼等品牌树立极高的行业地位，在广告史上留下脍炙人口的经典案例。

李奥·贝纳广告公司在世界广告业中占有极高的地位。以中国为例，李奥·贝纳广告公司在中国拥有 260 名员工，其中上海李奥·贝纳广告有限公司拥有 160 名员工，其在北京和广州还有两个分支机构。2005 年是中国广告业盘整阶段及暂时空洞期，李奥·贝纳广告公司的业绩却依然直线攀升。目前李奥·贝纳广告公司的国际客户约占 90%，国内客户约占 10%。这样的成绩，源于李奥·贝纳广告公司最核心的部门——创意部门。

李奥·贝纳广告公司的组织构架由三部分组成，分别是创意部、策略部、ARC 整合营销部。这三个部门分别有各自的职能。

为客户服务的是策略部，负责给客户提供好的策划、策略。当客户认可后再由策略部提出核心的策略建议交给创意部。有了核心策略之后，创意部再通过不同的渠道进行广告创意开发，包括电视、户外广告、互联网等。之后由 ARC 整合营销部统筹安排。策略部侧重于品牌定位、产品定位，结合对消费者和市场的了解，做出策略性的方案。

相比于广告界"艺术派"代表威廉·伯恩巴克和"科学派"代表大卫·奥格威，李奥·贝纳的经典广告案例并不太多。但不容否认的是，三位大师中，李奥·贝纳在广告创意方面悟性最高。仅凭万宝路香烟的策划，李奥·贝纳就堪称大师中的大师。

李奥·贝纳做广告设计靠的是对广告的悟性。这种悟性使他在策划万宝路香烟广告时产生这样的直觉：香烟应该卖给男性而不是女性，而最能代表男性气概的莫过于当时十分流行、被众多美国人追捧的美国牛仔形象。这一次他确实悟得准：万宝路香烟因而一举成名（图 2-16、图 2-17）。这使得李奥·贝纳也声名鹊起。1955～1983 年，莫里斯公司的销售额平均每年增长 24.7%，这个速度在第二次世界大战后美国轻工业公司中是绝无仅有的。从 20 世纪 80 年代中期一直到现在，万宝路香烟的销量一直居世界香烟销量首位。世界上每被抽掉 4 支香烟中就有 1 支是万宝路香烟。1995 年，美国《金融世界》评定万宝路为全球第一品牌，其品牌价值高达 446 亿美元。因此，我们说创意"三大旗手"中，李奥·贝纳悟性最高不是没有道理的。

图 2-16　万宝路香烟广告　1966

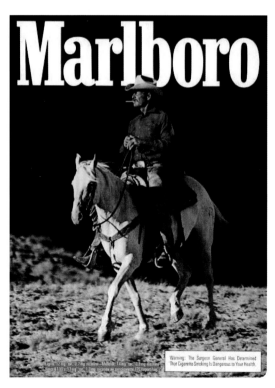

图 2-17　万宝路香烟广告　1978

李奥·贝纳在创作过程中有以下几种看法。

（1）"每一样产品本身都具有它与生俱来带有戏剧性意味的故事，我们的第一件工作就是发掘它，并用它来赚钱。"

（2）"当你想摘星星，你不见得可以拿到一个，但也不至于抓到一手的泥巴。"

（3）"将你自己埋入那个主题，工作时候像个疯子，喜欢、尊重并服从你的灵感。"

李奥·贝纳喜欢很土的方言，并用一个资料夹整理这些日常生活用语，上面标着"玉米语言"。他说："我并不是把那些俚语、插科打诨的土语一成不变地应用，那些字、短语和同义词可以传达一种非常乡土、平实而亲切的感觉。我经常把它们运用到广告中。"

李奥·贝纳谨守自己的创意哲学，创作出一个个传世的广告杰作（图 2-18 ~ 图 2-20）。除了万宝路香烟广告成为举世公认的形象广告经典之作外，他为"绿巨人"公司所做的富有传奇性的罐装豌豆广告——《月光下的收成》，也是体现他的创意哲学的一个不可多得的范本。

在这则广告中，他抛弃了"新鲜罐装"之类的陈词滥调，抛弃了"在蔬菜王国的大颗绿宝石"之类的虚夸之词，抛弃了"豌豆在大地，善意充满人间"之类的炫耀卖弄，而以充满浪漫气氛的标题——《月光下的收成》和简洁而自然的文案——"无论日间或夜晚，绿巨人豌豆都在转瞬间选妥，风味绝佳——从产地到装罐不超过 3 个小时"。以如此自然而简洁的方式，向消费者传递可信和温馨的信息，这在罐装豌豆的广告中同样具有划时代的意义。李奥·贝纳说得好："好广告悬在空中，不会被撕下。"悬挂在空中的，是广告人戏剧性地创造出的欲求、梦想和现代商品的神话。

图 2-18 "绿巨人"公司广告《月光下的收成》 1961

月光照耀在主角绿巨人的脸庞，温暖又安详，运用手绘的形式绘制的插图，表现着从采摘到包装成产品不需要很长时间。产品的新鲜和纯正不言而喻（图 2-18）。

图 2-19 "绿巨人"公司的广告《盛大开业！》 1952

图 2-20 "绿巨人"公司的广告《大招标》 1964

2.4　思考练习

◆　**练习内容**

1. 根据产品生命周期的规律和应对策略，选择合适的产品进行策略推广指导，要求在销售目标和营销目标明确的情况下，注重广告设计的创意成分。

◆　**思考内容**

1. 现代广告的表现策略主要有哪些类型？如何运用？

2. 对于媒介组合，有什么好的搭配策略？

3. 试举例分析在新媒体环境下，对广告行业的影响和挑战。

更多案例获取

David
MacKenzie Ogilvy.

The people who read the title of the advertisement are five times as many as those who read the text of the advertisement. If the title you create is not attractive enough, you will waste 80% of the advertiser's expenses.

阅读广告标题的人是阅读广告正文的 5 倍。如果你创作的标题不够吸引人，那么你就浪费了广告主 80% 的费用。

广告
设计

第3章　广告设计过程中心理学的应用

内容关键词：

心理学　应用　品牌战略　记忆　联想　情绪　情感

学习目标：

◎ 理解广告心理学的定义和研究方式

◎ 明白品牌战略及消费者心理建设的重要性

◎ 了解记忆与联想、情绪与情感对消费者购买心理的影响

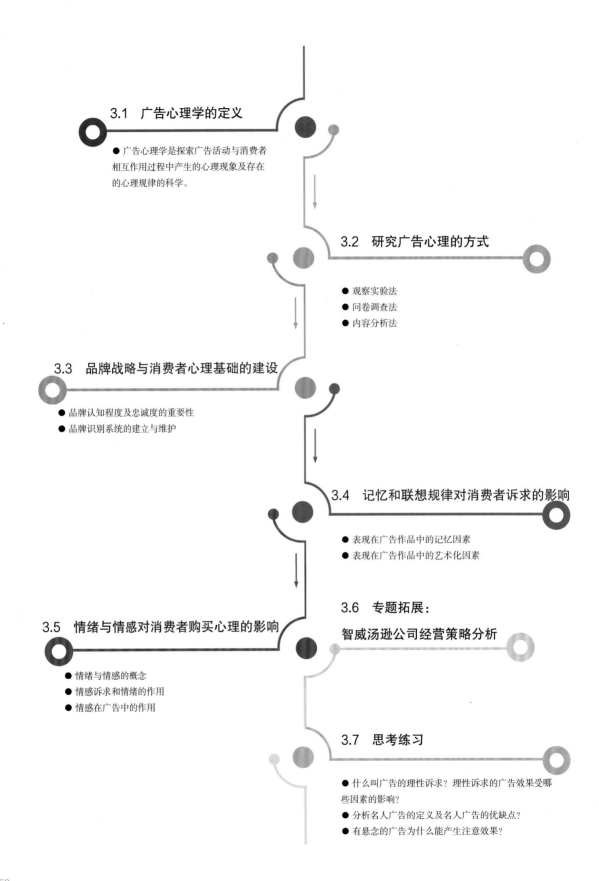

3.1 广告心理学的定义

● 广告心理学是探索广告活动与消费者
相互作用过程中产生的心理现象及存在
的心理规律的科学。

3.2 研究广告心理的方式

● 观察实验法
● 问卷调查法
● 内容分析法

3.3 品牌战略与消费者心理基础的建设

● 品牌认知程度及忠诚度的重要性
● 品牌识别系统的建立与维护

3.4 记忆和联想规律对消费者诉求的影响

● 表现在广告作品中的记忆因素
● 表现在广告作品中的艺术化因素

3.5 情绪与情感对消费者购买心理的影响

● 情绪与情感的概念
● 情感诉求和情绪的作用
● 情感在广告中的作用

3.6 专题拓展：

智威汤逊公司经营策略分析

3.7 思考练习

● 什么叫广告的理性诉求？理性诉求的广告效果受哪
些因素的影响？
● 分析名人广告的定义及名人广告的优缺点？
● 有悬念的广告为什么能产生注意效果？

3.1　广告心理学的定义

所谓心理，是指人的一种内心状态，是存在于人的思维领域的一种欲求。

广告传播的最终目的可以总结为说服广告接收者购买商品、服务或者其他信息。这种说服是针对消费者、渠道商、投资者、供货商、政府管理团队、外部人才、内部员工、联盟商等的内心状态进行的。广告宣传对人的影响是积极的还是消极的，影响程度大还是小，都与广告活动的组织策划水平、广告设计制作能力有密切的关系。只要在广告传播过程中把握消费者的心理，产品宣传优势及诉求重点又达到消费者的购买预期，便会产生一拍即合的效果。

广告心理学就是探索广告活动与消费者相互作用过程中产生的心理现象及存在的心理规律的科学。

3.2　研究广告心理的方式

广告在创作、设计的过程中，必须符合消费者的心理，要了解消费者的需要、动机和欲望，明确广告的重点和亮点。成功的广告一定是消费者最感兴趣的，对消费者最有吸引力的。违背消费者心理而做的广告，就是无效广告。研究广告心理主要可以运用观察实验法、问卷调查法、内容分析法。这些方法既可单独使用，也可综合使用。

3.2.1　观察实验法

观察实验法是指在控制条件下对某种心理现象进行观察的方法（图 3-1）。实验中由研究者控制的因素，通常称为自变量或独立变量。例如在探讨影响户外广告效果因素的研究中，户外广告的位置、色彩等因素就是实验中的自变量。研究者通过调查获得的关于户外广告的记忆成绩则称为因变量。实验过程中会受研究者和被研究者实验意识的影响，导致研究结果的客观性出现问题。

20 世纪初，广告学专家拉斯莱特（Laslett）采用观察实验法研究广告宣传中的插图以及文案内容的价值。他选取两类不同身份的观众为研究对象，让他们观看广告 5 ~ 10min 之后，记录他们对广告理解的程度。研究发现，两类观众对关联插图的回忆效果好于无关联插图广告至少 10 倍。

图 3-1　纽约市奥利奥奇迹保险库互动广告　2016

在纽约 18 街区附近安置了奥利奥的装置广告——神秘的门，针对开门的频率进行实验性分析。结果表明，该装置比传统平面广告的关注率（路人驻足观看超过 2s）高出 30%。此种直观的对比设置，比较符合客观实际（图 3-1）。

3.2.2　问卷调查法

问卷调查法是通过由一系列问题构成的调查表收集资料以测量人的行为和态度的心理学基本研究方法之一。"问卷"译自法文 questionnaire 一词，其原意是："一种为统计或调查用的问题单"。采用问卷调查法进行研究时，要预先拟好调查问题（或问卷），通过恰当的方式，引导受调查的群体表达他们对于观点或者商品的态度和看法。

问卷调查法的两个主要优点是：标准化程度高，收效快。问卷调查法能在短时间内调查很多研究对象，取得大量的资料，能对资料进行数量化处理，经济省时。

问卷调查法的主要缺点是：被调查者由于各种原因（如自我防卫、理解和记忆错误等）可能对问题做出虚假或错误的回答；在许多场合对于这种回答要想加以确证又几乎是不可能的。因此，要做好问卷设计并对取得的结果做出合理的解释，必须具备丰富的心理学知识和敏锐的洞察力。

3.2.3　内容分析法

内容分析法是传播学的一种重要研究方法。在广告心理学中，经常被用于研究广告活动心理策略的运用及分析，尤其是分析广告画面、文案等关键影响因素与广告记忆效果之间的关系（图 3-2）。

图 3-2　《蜂巢的重要性》　Featherwax　工作室　伦敦　2020

该设计通过重新创建一些依赖于优质蜜蜂种群的产品，将其与蜂巢有机地结合在一起，显示蜜蜂重要性的同时，传递了产品优质和原生态的特点，对产品的价值和质量做出直观的体现（图 3-2）。

在采用内容分析法进行研究时，首先要对分析的问题进行严格的定义，制定出客观高效并且容易执行的内容分析标准和评分方式。标准一般包括广告的用途、价值、质量和外观等。在抽样调查内容时，则要注意筛查，确保调查内容的代表性。

在设计广告时既要强调广告的艺术性，也要注重广告的科学性。广告心理学是从科学角度审视和探讨广告及广告活动的、以科学的理论依据和实证依据为基础的学科。

3.3 品牌战略与消费者心理基础的建设

广告是一种带有说服性质的传播沟通过程，目的是说服受众接受传递的信息，从而达到广告主所期望的效果。消费者在寻找、购买、使用和评价用以满足其需要的商品和服务时所表现出来的行为，通常是在内外刺激的作用下产生的。动机对人的活动具有发动、维持与调节控制的作用。在充分了解清楚产品的功能、外观、价格等信息之后，消费者会针对品牌进行权衡和比较。

3.3.1 品牌认知程度及忠诚度的重要性

对于产品来说，品牌的营销推广是一个漫长的阶段性的过程，除了要面对同行业竞争对手的挑战，还要树立并维护品牌在消费者心中的形象，更多的是维护好消费者心理的接受度，同时通过品牌文化的传播方式营造独特的营销氛围。

品牌形象通常与 CI 联系在一起。CI 全称为"Corporate Identity"，翻译为企业识别，通常是在企业成立初期，企业有意识、有计划地将自己企业的各种特征展示给社会公众，使公众在市场环境中对某个特定的企业有一个标准化、差别化的印象和认识，以便在众多同类品牌中脱颖而出（图 3-3）。

图 3-3 联邦快递广告 DM9 公司 巴西 2015

联邦快递（FedEx）是一家国际性速递集团，提供隔夜快递、地面快递、重型货物运送、文件复印及物流服务，总部设于美国田纳西州。该广告通过背景五大洲的地图以及温馨的邻居传递场面进行宣传。维持品牌特征的同时，流露出人性化的情绪体验（图 3-3）。

品牌认同是竞争环境下出现的新内容。随着生产力的不断进步，市场上的竞争者实力与日俱增，品牌的建立与维持就显得非常艰难。美国品牌届领军人物大卫·艾克（David A.Aaker）从战略的高度提出了品牌认同理论，力求解决强势品牌的竞争和维护问题（图 3-4）。

图 3-4　《国家地理》广告　ALAA 公司　加拿大　2017

《国家地理》作为世界上最广为人知的杂志之一，其封面上的亮黄色边框以及月桂纹图样已经成为象征，同时这些标识也是《国家地理》杂志的注册商标。该广告对品牌的标识进行丰富和变形，充满表现性和趣味性（图 3-4）。

3.3.2　品牌识别系统的建立与维护

大卫·艾克的品牌认同理论比较全面地吸收了"广告创建品牌"理论的核心观点，充分吸取了定位论的思想，以期建立有效的品牌识别系统。此外，该理论认为"需要深入理解消费者"，同时指出，需要把品牌与产品的功能性利益联系起来，而不仅仅是建立虚无的品牌个性形象，在这一点上继承了 USP 的思想 [美国资深广告研究专家罗瑟·瑞夫斯在 20 世纪 50 年代提出的，要求广告传播单位在广告发布的内容中向消费者说一个"独特的销售主张"（Unique Selling Proposition），其特点是必须向受众陈述产品的卖点，同时这个卖点必须是独特的、能够带来销量的]。但是，大卫·艾克认为在品牌创建过程中，需要问两个问题：一是"这个品牌是什么？"通常这个回答的主要内容是代表利益的功利性；二是"这个品牌意味着什么？"通常回答的主要内容是代表情感性利益和自我表达的需求。

　　品牌认同理论是一种从更深和更广的角度建构品牌的理论,是对以前品牌理论的新的综合。该理论引导品牌经营者关注品牌内容下的多个层面,追求企业品牌内在特质与外在气质的和谐统一,并根据自身各个阶段的不同情况加以修正、补充和更新,同时有条理、有步骤地推广品牌的主张、优势、价值,保障品牌基本价值的稳定和延续(图 3-5)。

图 3-5　耐克公司 Free Trainer 1.0 产品广告　Big E 公司　美国　2016

图 3-6　可口可乐广告　Obscura 公司　美国　2019

　　品牌认同是品牌经营方希望产生和维护的内容。品牌定位是品牌认同的一部分,是品牌管理者用来向消费者宣传的品牌认同。品牌认同理论在广告创意实践上就是要让消费者产生对产品及品牌的认同感,找到能使两者契合的认同点。这个认同点可以是产品的某种独特品质,也可以是产品的质量、产地、包装创意或者附加的文化气质(图 3-6)。

　　"积极乐观美好生活"体现了可口可乐公司积极改进日常生活方式、带给消费者欢乐的企业使命。画面中将瓶盖捏压成微笑的嘴的形状,充满形式感,贴合品牌的情感及行为策略(图 3-6)。

3.4 记忆和联想规律对消费者诉求的影响

记忆是将过去的经验存在于印象之中，以某种状态一直储存着。记忆主体需要集中精神关注某件事或者某个物象之后，才会将其存储到记忆中。因此，由吸引到关注是产生记忆的铺垫和前提，消费诉求中情绪波动的成分，对于记忆的形成更加重要。

集中精神注意某件事情又与兴趣密不可分，兴趣对帮助记忆相当重要。无论什么广告形式，无论什么内容，在把握吸引注意的前提下，一定要重视兴趣部分的建立与提升的内容，使得诉求的对象不仅产生关注，而且有主动去探索了解甚至购买的冲动。这才能达到广告最好的效果（图3-7）。

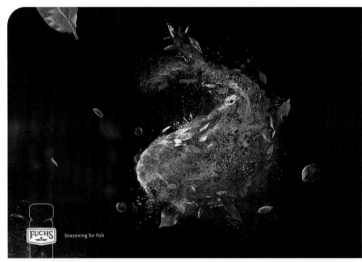

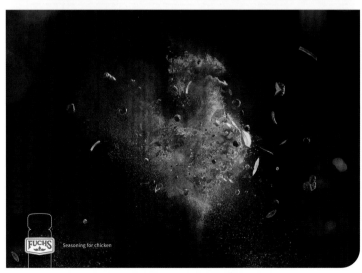

图 3-7　Fuchs 调味料广告　Mullen 公司　罗马尼亚　2019

画面中通过香料原材料的组合搭配，形成鸡和鱼的效果，直观地反映出其代表的香料味道。构图的新颖和画面的丰富是构成消费者记忆的重要因素（图 3-7）。

3.4.1　表现在广告作品中的记忆因素

德国著名心理学家艾宾浩斯（Hermann Ebbinghaus，1850—1909）根据人的短时记忆和长时记忆特征，发现了记忆遗忘规律，形成的坐标图曲线便是记忆遗忘曲线。艾宾浩斯记忆法对于任何学习材料的记忆都是行之有效的，可以极大地提高记忆效率，收到事半功倍的记忆效果。记忆的方法：从时间安排方面讲，复习与自测可以定期进行也可以随时进行；复习与自测可以结合进行，对学过的知识，一段时间后先自测一下，不会的或记得不牢的再进行重点复习。因此，在广告宣传的时间控制里，最初的一天时间是非常重要的。同时为了加深消费者记忆，必须抓住兴趣，把握记忆遗忘的规律性，进行宣传安排。

重复推送广告会引起观众的反感，因此要注重不同文本排版或不同元素的替换，系列推送的形式最为恰当（图 3-8）。

图 3-8　瑞士艺术品运输公司 Welti-Furrer 的广告　LanZ 公司　瑞士　2018

Welti Furrer 是一家领先的瑞士艺术品运输公司，专门从事运送有价值的艺术品的活动。此组创意广告刊登于《艺术》杂志和精选的广告牌上，主要传达给博物馆、画廊的馆长和艺术收藏家等。在不同时间段进行刊登，重复宣传，增强了广告信息的记忆程度（图 3-8）。

3.4.2 表现在广告作品中的艺术化因素

艺术的出现脱胎于传统的哲学美学，可以是宏观概念，也可以是个体现象，是通过捕捉与探索、感受与品味、整合与运用（形体的组合过程、生物的生命过程、故事的发展过程），将感受（看、听、嗅、触碰）得到的形式展示出来的阶段性结果。广告设计在唤起人们兴趣的阶段，需要艺术化的高品质的内容加持。广告创意的艺术性与广告传播的特殊性息息相关。艺术性高的广告发布的时空效益比最大，可以在有限固定的空间内以特定的方式传达出最高效的信息。

广告整体的画面应在字体排版和图形元素运用方面加强构图意识的应用。简练、充满力量和节奏感的文案，对于广告的宣传推广具有促进作用，使人容易产生关注并提升关注度，同时容易记忆（图3-9）。

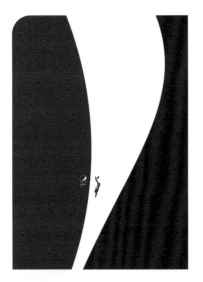
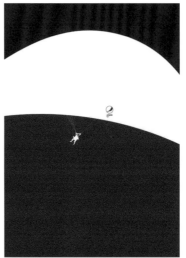

图 3-9　百事可乐广告
BBDO 公司　哥伦比亚　2019

百事可乐公司的品牌视觉内容，强调视觉上柔美的曲线。这些线性的图形表现，传递一种零糖和零卡路里不会影响柔美曲线身材的信息。但今天，这个品牌正在走得更远。它积极地引导消费者打破常规，在不断探险中追求卓越。通过这些方式，百事可乐延续了125年的曲线，正在从单一的审美基础上衍生出深刻的内涵（图3-9）。

广告创意的艺术化表现是由广告的文化价值决定的。在具体的广告创作中，无论采取怎样的节奏形式，都必须符合消费者的审美心理节奏。审美心理节奏指主体在审美活动中所产生的一种规律性的心理活动。优秀的广告案例会使人产生激动的心情，舒缓的美感使心理趋于平静，激烈、迅猛的广告画面则会令人紧张或者激动。因此在创作广告时，应侧重于掌握消费者的审美心理节奏，同时要控制尺度，不能为了提高节奏而穿插违规的场景或画面。广告只有具备了高度和谐的艺术性，才能最大化地实现其传播和功用价值（图 3-10）。

图 3-10　VON 视频播放器广告　Y&R 公司　立陶宛　2018

画面整体通过线条，以可视化声波的形态，为观者营造一种视觉体验。静态的图像呈现，有助于观众建立音频与图像之间的联系，探求播放器功能上的本质特征（图 3-10）。

在广告的设计创作中，除了画面细节及各元素之间的组合规律应当合理规划外，还要注意整体的搭配是否和谐，是否具有美感，是否能够巧妙地组合成一个有序而有机的艺术表现。

广告内容画面或故事线的虚化朦胧处理，从感受上会带来温柔和静谧的效果，互相烘托和陪衬使得广告作品有一种较高层次的和谐美。此外，对立要素的整体组合在广告创作中也有大量运用，鲜明的对比会加深观者对画面背后故事内容的联想，有比较才有思考，也是广告要素组合成为完整广告的方式（图 3-11、图 3-12）。

图 3-11　InMedica 医疗公司广告　Y&R 公司　立陶宛　2018

　　广告语非常清晰地阐明了画面内容隐喻的事情，使用充满对比的两种元素进行组合，构图上也通过拉扯的动作，从动态演绎上平衡了画面的构成，整体呈现和谐的平衡场景，最终宣传了公司主营胃肠病检查和治疗的信息（图3-11）。

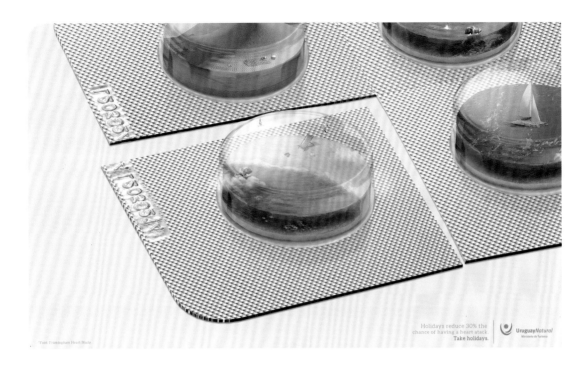

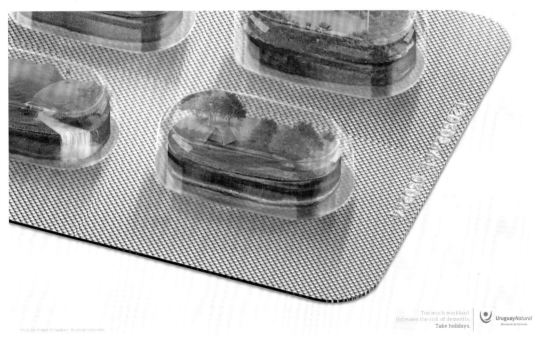

图 3-12　Mintur 旅游公司广告　Y&R 公司　乌拉圭　2018

　　"假期使心脏病发作的概率降低 30%，去度假。""工作量过多会增加患痴呆症的风险，去度假。"这些广告语直接易懂，同时画面中将美好景色的图像放置于透明的胶囊里，运用类似微距拍摄的表现手法，整体画面和谐，充满趣味性（图 3-12）。

3.5 情绪与情感对消费者购买心理的影响

通常消费者在进行消费的具体过程中产生的情绪被定义为消费情绪，它对消费者的购买态度和购买动机有较大影响。目前我国各企业都面临着激烈的市场竞争压力，这一方面促进了商品的研发与生产，另一方面由于过于追求"新、快"而导致同质化严重。在此背景下，企业唯有正确对待消费者的情感过程，不断深入地分析消费者的购买心理，才能有效提升市场竞争力（图 3-13）。

图 3-13 《幻想驱动》 马越雷特玩具广告 Havas 广告公司 2017

画面中运用了形态夸张的表现手法，将儿童玩耍汽车玩具的沙发和桌面夸张处理成具有视觉冲击力的状态。温暖的室内光线照耀下，整个画面充满了家庭温馨的氛围（图 3-13）。

3.5.1 情绪与情感的概念

消费者的情感过程主要包括情绪和情感两个方面，是消费者对商品是否符合自己需要而产生的主观体验。情绪是在较短的时间内与生理感受产生联系的一种体验，比如欢快、郁闷、忧伤等，一般有不太稳定、容易冲动的表现。情感一般是指个体意识到自己与客观事物的关系后而产生的稳定、深刻的心理体验和相应的反应。心理学中将情感分为道德感、理智感和美感，其外部表现很不明显，冲动性很少。

情绪与情感的表现形式丰富多样，若依据强度、速度和持续时间等因素来衡量，可以划分为激情、心境和热情这三种表现形式。

3.5.1.1 激情

激情是一种强烈的、爆发性的、为时短促的情绪状态。当消费者出现激情情绪时可能会对消费行为产生巨大影响。企业应尽量避免让消费者产生强烈的、对抗的激情，正确引导消费者产生适当的、积极的激情，愉快地购买（图 3-14）。

图 3-14　TyC 运动节目广告　McCann 广告公司　阿根廷　2017

"如果可以的话，我们可以一天到晚地运动。"广告将日常工作生活中的角色融入运动比赛的场景中，虽然是一种矛盾、失序的状态，但是场面激烈的竞赛场景会给观者留下深刻的印象，荒诞的重点也在于其不合理性（图 3-14）。

3.5.1.2　心境

心境是一种微弱而持久的、使人的所有情感体验都感染上某种色彩的情绪状态。良好的心境能促进消费者发挥主动性和积极性，产生对商品的美好想象，促进购买行为，比如 Tipco 的茶加饮品广告（图 3-15）。反之，不良的心境会使消费者心灰意冷，产生郁郁寡欢的消极情绪，从而抑制购买欲望，阻碍购买行为。

3.5.1.3　热情

热情即热烈的感情。热情不似激情那般汹涌、猛烈，但是更加深刻、长久；虽然也不似心境那般广泛而平静，但是更加强烈和刻骨铭心。热情不仅是简单的情绪体验，还是一种情感状态，更是意志行动的组成部分。热情能唤起消费者的积极性，培养良好的消费动机。

图 3-15　Tipco 茶加饮品广告
IPG 广告公司　曼谷
Illusion 公司执行 2015

　　富士山和葛饰北斋的《浪》在画面中通过置换的形式，用茶叶替代。创意中追求禅意的表现情境。背景的暖色处理，观之有清澈温暖的心理体验，传递出一种健康、享受生活的暗示（图 3-15）。

3.5.2　情感诉求和情绪的作用

情绪和情感是相互作用、相互影响的，它们对消费行为既有积极的一面，也有消极的一面。例如，消费者对商品持有正面的情绪，将会对消费行为产生积极的影响，从而加快购买速度，克服消费过程中可能会出现的障碍；反之，消费者对商品产生了反面的情绪，将会拒绝购买此商品。消费者在商场中可能会表现出一些情绪，而在长期的购物过程中，又会形成一些稳定的情感体验，这些情感体验和相应的态度必然要带到每一次购物行为中去。因此，情绪和情感对消费者的现实生活都有重要意义。

3.5.3　情感在广告中的作用

情感对广告有积极的调节作用，同时广告中的情感能在商品与消费者之间建立一种心理沟通与深入交流的方式。随着情感的不断渗透，消费者由此产生的好感会继而变成信赖与偏爱。这样一来，不但能扩大商品的消费群体、增加市场份额，而且能获得更多的经济效益和社会效益。情感在广告中最大的特点是深入感受消费者的心理活动，挖掘消费者的内心需求。情感因素的正确运用能使广告更加深入人心，与消费者之间产生共鸣。总之，情感会使广告变得更加真挚与美好（图 3-16、图 3-17）。

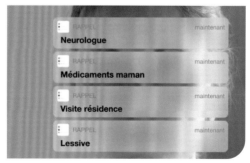

图 3-16　阿尔兹海默症协会宣传广告
SOMA 广告公司　加拿大　2021

　　"家人也会因为阿尔兹海默症忘记我们是谁。"广告中将子女的形象以备忘录的形式概括，画面显得令人心酸，从而传递关注阿尔兹海默症预防和宣传的广告目的（图 3-16）。

图 3-17　加勒比咖啡馆广告　Y&R 广告公司　智利　2018

　　此广告运用摄影后期合成的形式，塑造了三张面无表情的人物形象。这些人物缺少一种唤醒他们的元素，那就是来自周围动物栖息地的加勒比地区的咖啡（图3-17）。

3.6　专题拓展：智威汤逊公司经营策略分析

智威汤逊（JWT）公司创建于 1864 年，是全球第一家广告公司，也是全球第一家开展国际化作业的广告公司。1877 年创始人詹姆斯·沃尔特·汤普逊（J. Walter Thompson）确定了公司发展的模式（图 3-18、图 3-19）。

自成立以来，JWT 公司一直以"不断自我创新，也不断创造广告事业"著称于世。JWT 公司首开先例的有第一次进行顾客产品调查、编制第一本杂志指南、编制第一本农业指南、编制提供给国际投资人的第一本行销指南、制作第一个电台表演秀、制作第一个商业电视传播、第一个使用电脑策划及媒体购买……JWT 公司以品牌全行销规划（Thompson Total Branding），结合广告、直效行销、促销、赞助及公关活动，致力于协助客户达成短期业绩成长，并创造长期的品牌价值（图 3-20、图 3-21）。

时至今日，150 多岁的 JWT 公司风采依旧，昂首跻身于世界四大顶尖广告公司之列。JWT 公司的大家庭有 10000 多名成员，300 多个分公司及办事处遍布全球六大洲主要城市，为客户提供全方位的品牌服务。目前 JWT 公司隶属于全球最大的传播集团 WPP 集团。

图 3-18　1903 年 JWT 公司宣传告示

图 3-19　JWT 公司 150 周年标志

此标志继续沿用了公司最初的猫头鹰和油灯的形象进行设计。

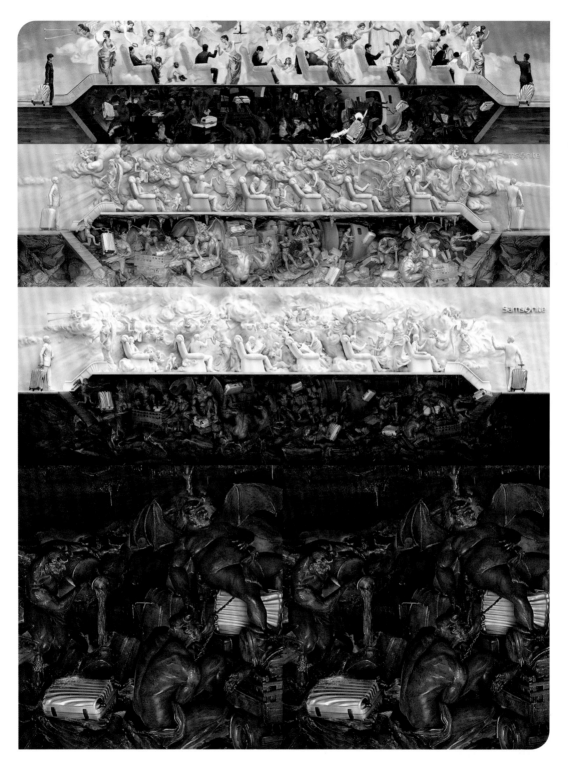

图 3-20　新秀丽旅行箱广告　JWT 公司　上海　2015

　　图 3-20 的作品最初的灵感来自飞机旅行。每一个坐过飞机的人，肯定都经历过行李托运，你并不知道自己的箱子在飞机上都遇到了什么。秉承这个想法，JWT 公司构造了这个动人的故事：旅程中，旅客在享受着天堂般的待遇，旅行箱却遭受着地狱般的折磨；旅途结束，旅行箱完好无损地回到旅客手中。 这个作品曾获戛纳广告奖、伦敦广告奖全场大奖。

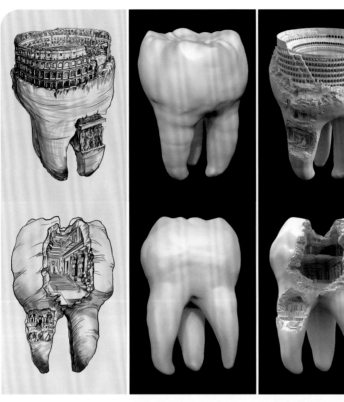

图 3-21　Maxam 牙膏广告
JWT 公司　上海　2013

　　此广告表达的是：如果你不想让细菌在你的牙齿上沉淀并形成文明，那么就使用 Maxam（图 3-21）。

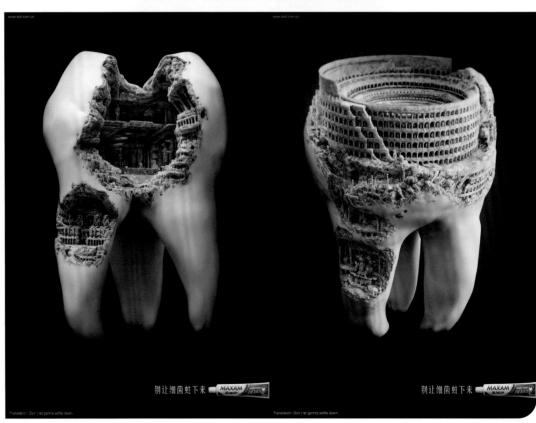

3.7 思考练习

◆ 练习内容

1. 搜集有关美国可口可乐公司发展及宣传的相关资料，综合说明品牌建设的心理基础及相应的市场策略。

2. 同时结合品牌建设的心理基础及相应的市场策略进行可口可乐的广告宣传设计。

◆ 思考内容

1. 什么叫广告的理性诉求？理性诉求的广告效果受哪些因素的影响？

2. 分析名人广告的定义及名人广告的优缺点。

3. 有悬念的广告为什么能产生注意效果？

更多案例获取

Saatchi
Brothers.

If it is difficult for you to summarize your argument into a few catchy words and phrases, there must be something wrong in your argument.

假如你难以将你的论证归纳为一些朗朗上口的单词和短语，那么你的论证中就肯定有什么地方有错误。

第4章　广告设计作品中的视觉语言

内容关键词：

视觉语言　文字语言　图形语言　色彩语言　版式设计

学习目标：

◎ 掌握文字语言、图形语言和色彩语言在广告设计中的应用

◎ 学习版式设计的基本元素和形式法则等相关内容

◎ 体会视觉语言在广告作品中的作用

4.1　文字语言在广告设计中的应用

●文字语言作为记录和表达人类思想的载体，对于人类文明的发展和进步具有非常重要的作用

4.2　图形语言在广告设计中的应用

● 文案的创意及思路通过图形直观地传达给观众，吸引消费者理解广告内容的同时还在一定程度上激发了观众的购买欲望和共情情绪

4.3　色彩语言在广告设计中的应用

●充分认识色彩的传达、识别和象征作用
●广告色彩与心理学

4.4　版式设计在广告设计中的应用

● 广告的视觉流动设计
● 版式设计的基本元素
● 广告构图的形式法则

4.5　专题拓展：
麦肯·光明广告有限公司
经营策略分析

4.6　思考练习

● 简要分析广告创意与画面构图之间的关系。
● 试理解"奇偶聚散、虚实疏密、动静相依"在广告元素排列中的作用。
● 分析不同创意思维与表现手法的特点。

　　图形、文案、色彩是平面广告的三大要素，对于广告呈现的整体效果具有非常重要的影响。广告设计形式原理指广告设计过程中具体可行的视觉构成规律，形式的内容根据画面表现的不同而产生变化，广告形象视觉化的艺术形式同样需要顺应视觉传达的规律。

4.1　文字语言在广告设计中的应用

　　文字语言作为记录和表达人类思想的载体，对于人类文明的发展和进步具有非常重要的作用。在广告设计的范畴中，文字作为一种信息的载体，已经演变成艺术的创意表现，作用是明确信息和吸引观者的眼球，体现出更深层次的艺术价值。广告设计中文字的美观与设计感的体现很大程度上会影响到整体的画面效果。字体的个性把握取决于它的字号、倾斜度、粗细、比例和字体的衬线等。尤其是对于汉字的使用，除了借助现代字体库建立的优势，更多场景需要利用不同字体风格的特性进行变化和设计，把握字体风格如工整、典雅、严肃、大方，利用字形的横细竖粗、棱角分明、结构紧密以及锋芒略显等特点进行创作。

　　广告作品中不论使用何种字体，都必须考虑它的适用性，考虑产品的特性、目标市场的独特性、信息排列的舒适性（文案长度、图片数量、产品相关简要信息等），并且要注意字体流行趋势以及辨识度。切忌字体设计修饰过度，字体应用太多，增加阅读成本。如果字与字之间表现的手法存在多样化，则整体效果会显得杂乱无章，缺乏和谐，影响广告的表现力（图4-1～图4-11）。

　　因此，广告设计中需要注意保证可读性的原则、与广告主题相符的原则以及造型统一的原则。

图 4-1　耐克公司 AIR MAX 270 发布广告
行行珂　北京　2018

图 4-2　天猫斗到底 3v3 城市争霸赛发布广告
行行珂　北京　2019

图 4-3　圣保罗耐克运动俱乐部广告
卢卡斯（Lucas）　圣保罗　2019

图 4-4　耐克公司 AIR COMMAND FORCE 广告　David BO　哥伦比亚　2020

图 4-5　耐克公司 HAKEEM OLAJUWON 广告　David BO　哥伦比亚　2020

图 4-6　耐克公司和 SHU 品牌联名广告　DANYA 公司　乌克兰　2021

图 4-7　耐克公司广告 "太空嬉皮士"　　Nuthlas 公司　印度尼西亚　2020

图 4-8　耐克公司推广活动 "出手即证明"　　Wieden 公司　上海　2019

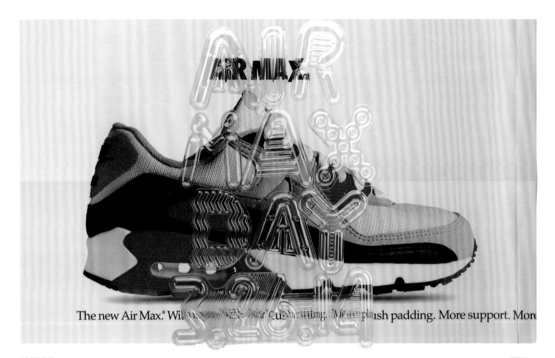

WEAR
YOUR
AIR

March 26th, 1987 marked the birth of an icon. The release of the original Air Max
made the invisible visible like never before. 27 years later, the revolution continues.

NIKE

#AIRMAX
NIKE.COM/AIRMAX

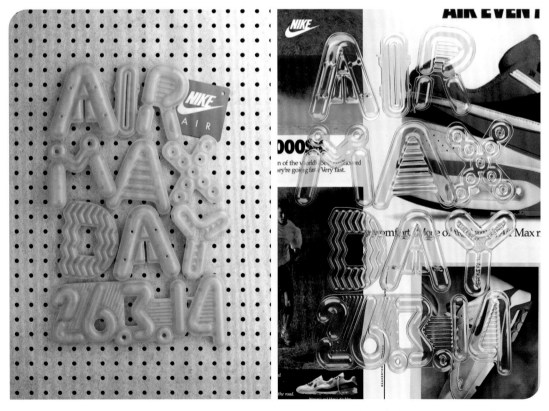

图 4-9　耐克公司 AIR MAX DAY 系列产品宣传　Labrooy 公司　英国　2014

图 4-10　戒毒公益广告　GSW 公司　美国　2018

　　该公益广告主要针对希望借助娱乐性违禁药品减缓压力的消费者，告诫其其中的危害。将英文的字体通过数码的方式进行设计，分别结合不同的媒介进行展示，整体画面视觉冲击力极强，具有很好的宣传效果（图 4-10）。

图 4-11　撒玛丽亚会救助中心公益广告《笼中人物》　奥美公司　中国香港　2017

　　对于那些患有抑郁症的人来说，他们可能会觉得自己被困在笼子里，被自己的困惑和绝望所打击。设计团队创作了三种独特的印刷艺术作品，用汉字"无助""孤独"和"绝望"构成了笼子的整体形象。并且在外部材质上添加了铁锈、不锈钢以及混凝土，象征抑郁的顽固和对人的威胁。以此广告来宣传此类人群的现状，引起更多人关注和关怀（图 4-11）。

4.2 图形语言在广告设计中的应用

图形是平面广告视觉表现中最为重要的部分之一。文案的创意及思路通过图形直观地传达给观众，吸引消费者理解广告内容的同时还在一定程度上激发了观众的购买欲望和共情情绪。在平面广告的创作过程中，图形往往是广告设计团队投入精力最多的部分。精美、生动是最为基本的图形表现要求。

构图指在造型艺术的领域中，根据题材和画面的主题思想，将要展现的形象适当地组织起来，构成一个协调完整的画面。设计师或者艺术家为了表现作品的主题思想和美感效果，在固定的空间安排和处理人、物的关系和位置，把个别或局部的形象组成艺术的整体。

广告在图形表现中需注意以下几种基本原则：首先要重视信息传达的准确性，需要有典型化的图形和要素，抓住信息的典型特征，做到清晰传递主要内容的特征、产品的品质及品牌形象，并且针对目标人群，对"症"下"图"，产生足够的吸引力及亲和力；其次在图形的视觉处理上要积极表现其个性，广告的宣传不能故步自封，一成不变，具有崭新、独特视角和表现的广告更能够吸引消费者，从而争得先机；此外还要注意图形的局限性和适应性，在图形的应用和内涵的选择方面，要考虑不同国家民族的习俗，避开风俗禁忌，遵守相关国家和地区的具体规定，否则会使商品销售和推广遭遇风险，给广告主带来损失（图 4-12 ～图 4-18）。

图 4-12　JEEP 汽车宣传系列广告　杰斐逊公司　巴黎　2017

"WHERE THERE'S A JEEP, THERE'S ROAD."（哪里有 jeep，哪里就有路。）上至 JEEP 大切诺基 SRT，下至 JEEP 自由侠、自由光，这些车型的前脸中网都是七个孔，最初的设计是为了起到给机舱通风、水箱散热的作用，到现在经典的七个竖条状进气格栅已经成为 JEEP 品牌特有的文化和标识，也就是我们常说的"家族式前脸"。广告图像中将这一特点应用至公路的连接处，显得创意十足（图 4-12）。

图 4-13　Phillips（菲利普）
含镁牛奶广告　FCB 公司
葡萄牙　2015

　　"LET IT GO"，简明的广告语说明了该产品的功用，即饮用此产品能够快速缓解便秘。画面中充满创意，运用一系列不同的集中的元素排列在产品周围，与空白部分形成非常鲜明的对比，充满戏剧感，表达幽默的同时，让产品的功能牢记在观者脑海里，达到广告信息传播推广的目的（图 4-13）。

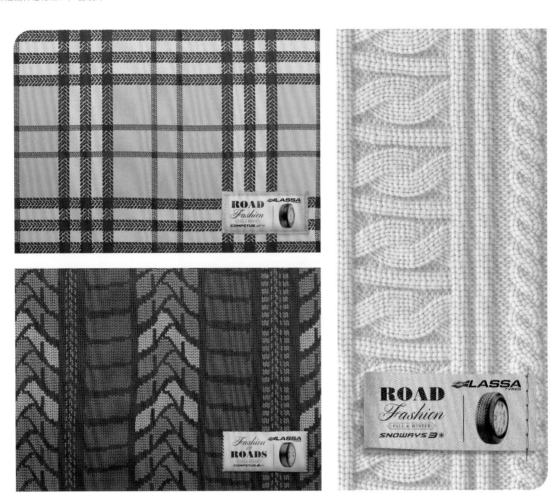

图 4-14　拉赛轮胎广告　快乐人项目公司　土耳其　2014

　　该汽车轮胎的平面广告运用轮胎胎纹的图形样式，在针织衣料的表面进行展示。丰富的色彩以及细腻的效果让整幅画面观之有快乐的情绪。这正是快乐人项目公司通常传达给观者的重要内容（图 4-14）。

图 4-15　固特异轮胎广告　Y&R 公司　巴西 2013

　　该汽车轮胎广告意在宣传雨后轮胎的抓地力，执行力之强令画面充满冲击力（图 4-15）。

图 4-16　奔驰汽车广告　FCB 公司　华沙　2006

图 4-17　丰田汽车宣传广告　保加利亚　2015

六个薄片格栅在光照下成为圣诞树的形状，配合奔驰的立标，整体和谐又大气（图 4-16）。

这是丰田汽车公司官网刊登的专为保加利亚网球联合会设计的平面广告。借助无网的球拍，传递品牌的同时包含了体育运动的精神。无网概念的注入，留给观者更多思考的空间（图 4-17）。

图 4-18　LUXOR 书写工具广告　李奥·贝纳公司　孟买　2008

李奥·贝纳公司利用名人肖像作为切入点，突出 LUXOR 高光笔书写的流畅度。其创意点在于加过高光的部分，整体阅读之后又是另外一个故事。创意中充满内容，可谓用心之作（图 4-18）。

4.3 色彩语言在广告设计中的应用

色彩语言是广告设计的重要组成部分。色彩本身具有无限的表现力和充分存在的意义。对于广告设计师而言，色彩的巧妙运用犹如点睛之笔，是决定一件广告作品精彩与否的重要因素。据相关研究数据显示："消费者在最初收看广告的 20s 内，色彩感觉占 80%，形体感觉占 20%。"由此可见，色彩语言具有广泛的视觉传达功能，带给消费者最直观的视觉感受。

4.3.1 充分认识色彩的传达、识别和象征作用

广告色彩语言对商品有传达、识别和象征的作用，受到越来越多企业和设计师的重视。不同商品具有独特的色彩语言，促进消费者对其产生亲近感，增强商品的识别性。国内外许多知名企业和商品都精心设计自身的形象色，例如支付宝 APP 使用蓝色作为形象色，淘宝网使用橙色作为形象色等。

合理运用形象色有助于消费者快速猜测商品性质，产生相应联想。色彩语言应符合商品调性，这有助于提升整体的品牌形象（图 4-19、图 4-20）。

图 4-19　麦当劳广告　克赛特（Cossette）公司　加拿大　2017

在加拿大魁北克，每年的 7 月 1 日是搬家日。此广告利用渐变的色卡元素，组合成麦当劳有代表性的食物外观，简洁中饱含设计，有搬家后愉悦的轻松之感。同时传递给魁北克人，麦当劳和搬家是完美的搭配（图 4-19）。

图 4-20　中国进出口商品交易会宣传广告　黄成　纽约　2014

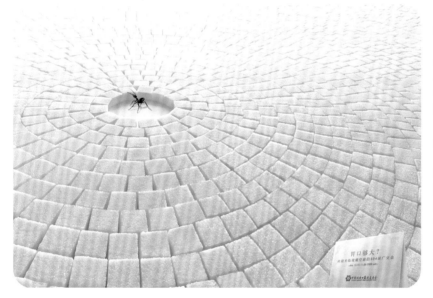

"Appetite big enough？"（您的胃口够大吗？）中国进出口商品交易会是世界上最大的贸易展览会，有来自 43 个国家的 57000 多名参展商，占地面积 113 万平方米（图 4-20）。

利用大片的物产和饱和度较高的颜色进行宣传，突出了物产的质量及产量。观者在高饱和度色彩的影响下，好奇博览会的具体规模。

4.3.2　广告色彩与心理学

色彩具有视觉冲击力，易引起人的情感发生反应与转变。色彩对消费者心理的影响主要体现在情绪和机能两个方面。情绪方面的影响表现在消费者可能对某些既定色彩产生喜爱或讨厌的情绪，甚至可以从不同的色彩语言中感受到朴素、华丽、高雅、低俗等心理感受，这些往往能影响他们的情绪；机能方面的影响体现于国度、种族、性别相异的消费者在对待色彩关系时，由于大多数的色彩情感性是相似的，可能会产生冷暖、强弱、轻重、刚柔等共同的心理感受。

色彩已然是研究广告美学的重要内容之一，其功能性与影响性也关系到商品价值的体现。广告设计师要明确色彩定位，提高商品识别性，突出商品特色，加深消费者对广告的认知程度，最终达到信息传播的目的（图 4-21 ~ 图 4-23）。

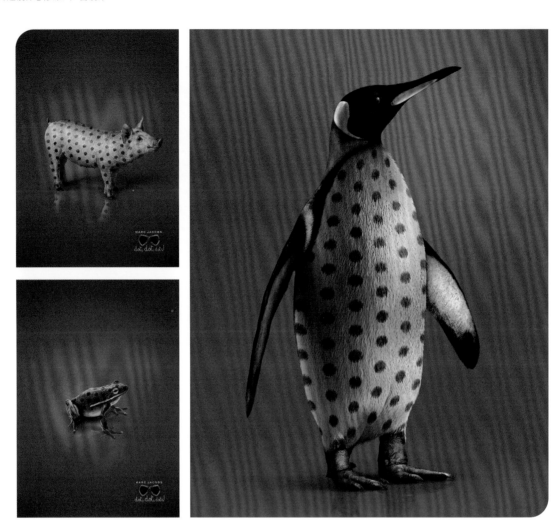

图 4-21　马克·雅克布（Marc Jacobs）眼镜广告　Fischetti 设计公司　意大利　2012

　　此广告运用了多种波点的形式，配合产品的主色，运用浓厚的红色作为广告宣传的基本色，使画面充满生机和活力，引人瞩目的同时具有激烈、动感的喜悦性质（图 4-21）。

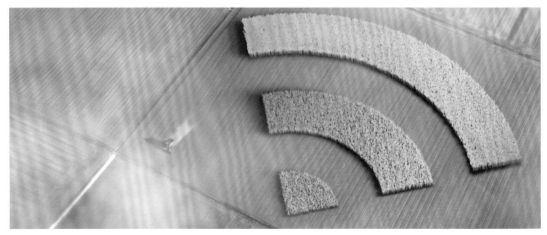

图 4-22　Vodafone 无线技术广告　扬罗必凯公司　土耳其　2013

　　此广告运用了"wifi"这个令人熟知的形象，积极、光明、柔和轻松的黄色，象征无线技术的稳定（图 4-22）。

图 4-23　国际动物保护组织公益广告　Fischer 公司　巴西　2013

画面中幻想将目前珍稀野生动物集中饲养，目的是为了满足人类需求。淡蓝色、淡绿色和黑白色作为主色，给人一种冰冷的压迫感，冷寂中传递出对生命的思考和对未来的担忧（图 4-23）。

4.4　版式设计在广告设计中的应用

版式设计是视觉设计中最具代表性的分支，指将图片、颜色、文字、线条等元素，按照需求在有限的版面空间里进行组合排列，并运用形式和造型手段，将设计者的计划和构思以视觉形式展现出来。

随着经济水平的发展，人们的审美意识有了进一步提高。版式设计不再只充当传递信息的工具，更是传达美学、思想情感和艺术修养的载体。广告作品中版式设计以其秩序化和艺术化并存的形式，重新展示、升华主题内容，实现了艺术与技术的高度统一。

4.4.1　广告的视觉流动设计

人的目光因为受到客观环境的限制，无法同时看到所有事物，需要按照一定的流动秩序来获得感知。视觉接受外界信息的流动过程，称为视觉流程。将视觉运动法则用于设计，首先要选取最佳视域、捕捉注意力，其次进行视觉流向的诱导，再次到流程秩序的规划，最后停留在最终印象。视觉流程规划可以通过版式设计进行视觉引导，清晰的视觉流程不仅可以延长消费者在广告上的浏览时间，还可以增强其购买意愿（图 4-24）。

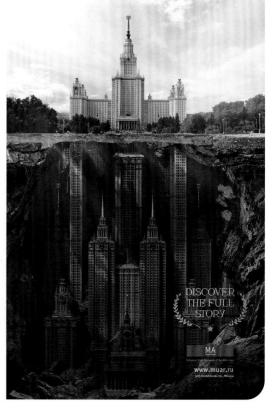

图 4-24　舒瑟夫国家建筑博物馆广告　Saatchi 公司　莫斯科　2013

　　该作品用于舒瑟夫国家建筑博物馆的宣传活动，利用 CG（Computer Graphics，计算机图形）的技术，挖掘建筑下层的广大空间及内部细节，展现想象力的同时，带领观者跟随上下递进的视觉引导，探索关于建筑博物馆的奥秘（图4-24）。

4.4.2　版式设计的基本元素

4.4.2.1　点

点是最基本的图形，它的定义比较宽泛，可以是一个文字、一个色块，也可以是一个符号。总之，在画面中单独出现且体积较小的形象都可以称之为点。版式中的点具有打破呆板、活跃氛围、点缀装饰、平衡画面以及提升秩序、引导指示等作用。

4.4.2.2　线

在版式构图中线具有长度、方向、形状、位置、装饰等特性，是分割画面的主要元素之一。合理运用线元素，可以使画面充满韵律感和规律感。

4.4.2.3　面

面包含点和线的所有特质，在版式设计中占有面积最大，视觉效果更加强烈。不同形状的面拥有不同特点，例如圆形具有运动感，正方形具有平衡感，三角形具有稳定感。在现实的版式设计中，面的边缘、大小、虚实、空间都会对面的性质产生很大影响，不同情况下产生不同的视觉感受（图4–25、图4–26）。

图 4-25　葛雷创（Junkers）热水器广告
Grados 公司　智利　2013

图 4-26　Aardgas 天然气广告
TBWA 公司　布鲁塞尔　2010

两则广告的创意点都在于运用毛线的元素进行空间的构建，热水器在寒冷的冬天给予用户温暖的水，天然气的安全和居住环境的舒适体验也用毛线球的线条构成来展现。所有的元素都被线完全覆盖，一幅幅拍摄下来，充满诗意与温暖（图4-25、图4-26）。

4.4.3　广告构图的形式法则

4.4.3.1　整体

广告构图通常由图形和文字等要素构成，这些视觉要素应该统一于一个主题风格，保持整体性，准确高效地传达出广告的诉求。但是在这个整体基础上，细节部分可以具有相对的独立性，整体统一、局部变化的版式才更能够打动人（图 4-27）。

4.4.3.2　对称

对称是设计师常用的设计法则，可分为点对称和轴对称。对称的版式构图给人以协调、稳定、均衡、自然的感觉，具有简约而庄重的美感，符合人们的日常欣赏习惯。

图 4-27　锦湖轮胎广告　Rhizome 公司　韩国　2012

　　四张不同内容的图像表现，代表轮胎的四个卖点。画面中心布局在轮胎上边的设计，引导观众视线，提高作品的传播功能和审美价值，使特定的多项元素组合成有说服力的画面整体，同时以轮胎局部为平衡点，构图稳定又饱满，看起来舒服美观（图 4-27）。

4.4.3.3 分割

将广告构图版式进行分割设计，有利于分别安排不同类型的信息要素，有助于促进画面井然有序，避免引起视觉混乱。

4.4.3.4 重心

重心在空白的画面上一般由方位而定。它常常处于中心偏上的方位，但是当画面中出现一个主要图形时，即由此形象方位而定。在图形数量增多时，就由视线的焦点、重点、力的汇集点而定。版式重心也是视觉重心，有重心的版式不仅能帮助观众提炼广告的重要信息，还可以加强版面的视觉表现力，促进版面的传播效率。反之，失去重心的版式则会有一种不稳定的情绪，即无节奏感（图4-28）。

图4-28　索尼电子书广告　Dentsu 公司
莫斯科　2013

画面中以书籍的元素组成大树，构图上与右下角广告语形成疏密、主次的关系，在变化中寻求视觉的统一。画面整体视觉中心突出、稳定、饱满，新颖独特（图4-28）。

4.5　专题拓展：麦肯·光明广告有限公司经营策略分析

　　麦肯·光明（Mc CANN）广告有限公司是由美国麦肯世界集团（McCANN–ERICKSON WORLD GROUP）与光明日报社于 1991 年底合资组建的专业广告公司。公司的外方股东麦肯世界集团成立于 1902 年，总部设在美国纽约，是全球著名的跨国 4A 广告公司之一。麦肯世界集团投资建立的独资或合资广告公司遍布全球 131 个国家（地区）的 191 个城市，业务涉及整合营销传播的各个领域，包括广告领域、直效行销 / 网络广告、活动行销、公共关系、品牌管理、保健行销及媒介购买等。今天的麦肯世界集团是一个拥有 263 亿美元资产、全球员工人数达 24000 名、保持着世界上最大、最完善的广告服务网络系统之一的公司。麦肯·光明广告有限公司是麦肯世界集团在第 116 个国家（地区）的投资，在北京、上海、广州和中国香港有 4 个办公室，员工人数超过 800 人。

　　公司的中方股东光明日报社是中央级的报业集团，社址在北京。其主报《光明日报》是中共中央直属的报纸，已经有五十多年的历史，在国内外都享有很高的声誉，政治影响力仅次于《人民日报》。麦肯·光明广告有限公司于 1991 年底成立，是中国最大、最有创意的广告公司之一。公司一贯秉承"善诠涵意，巧传真实（TRUTH WELL TOLD）"的服务宗旨，而且这种全球性的服务理念也得到了客户的认同（图 4–29、图 4–30）。

图 4-29　救世军组织公益广告　McCann 公司　巴西　2017

　　救生圈和灭火器在关键的时候能够挽救他人的生命，将衣物的材质赋予这两个安全防护器具，显示了衣物捐助的重要性："WARM CLOTHING ALSO SAVES LIVES"，以此来引出和强调捐助衣物的目的，同时宣传了救世军组织的主要工作内容：号召观者帮助需要帮助的人（图 4-29）。

图 4-30　ATSS 防盗报警系统广告　McCann 公司　印度　2012

　　扭在一起的大楼建筑，严丝合缝，没有丝毫松动。CGI（计算机生成图像）技术营造的高强度的建筑外表下，表现了产品的防盗功能强大。戏剧性的场面更容易让观众理解和接纳（图 4-30）。

4.6 思考练习

◆ 练习内容

1. 分别以文字、图形、色彩以及版式的要求设计一系列平面广告设计作品。自主选择合适的品牌及文案配合策略制订的步骤。

2. 正稿制作中，模拟完成投放实景效果的设计表现，小组讨论，对完成效果进行评价讨论。

◆ 思考内容

1. 简要分析广告创意与画面构图之间的关系。

2. 试理解"奇偶聚散、虚实疏密、动静相依"在广告元素排列中的作用。

3. 分析不同创意思维与表现手法的特点。

更多案例获取

Eric
Clark.

The advertising industry paints a picture for the world, and the world without advertising is a bleak and desolate world.

广告业为世界描绘的是一幅画，没有广告的世界是萧瑟凄凉的世界。

第5章 广告设计中的创意思维与表现方法

教学关键词：

创意思维　创意形式　表现特征　表现方法

教学目标：

◎ 认识广告创意思维的基本概念

◎ 剖析广告创意形式的表现特征

◎ 掌握广告创意的多种表现方法

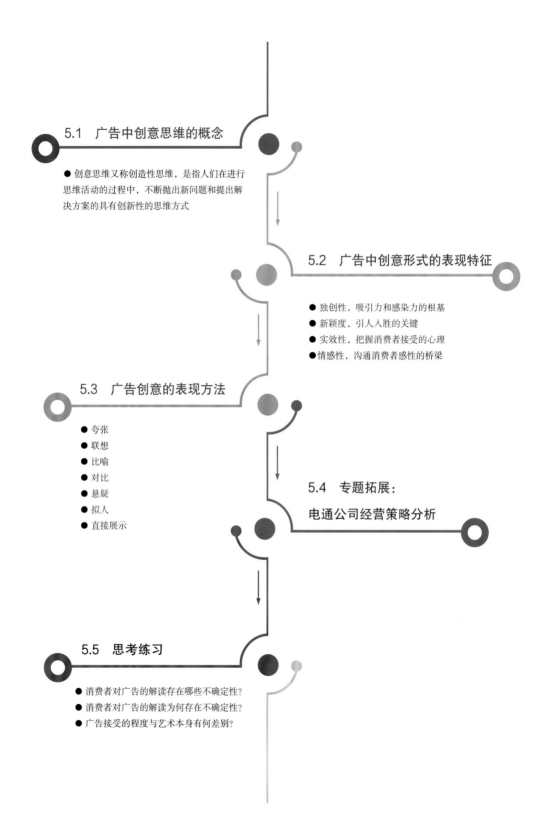

5.1　广告中创意思维的概念

● 创意思维又称创造性思维，是指人们在进行思维活动的过程中，不断抛出新问题和提出解决方案的具有创新性的思维方式

5.2　广告中创意形式的表现特征

● 独创性，吸引力和感染力的根基
● 新颖度，引人入胜的关键
● 实效性，把握消费者接受的心理
●情感性，沟通消费者感性的桥梁

5.3　广告创意的表现方法

● 夸张
● 联想
● 比喻
● 对比
● 悬疑
● 拟人
● 直接展示

5.4　专题拓展：

电通公司经营策略分析

5.5　思考练习

● 消费者对广告的解读存在哪些不确定性?
● 消费者对广告的解读为何存在不确定性?
● 广告接受的程度与艺术本身有何差别?

20 世纪广告设计大师李奥·贝纳曾说过："一个真正优秀的创意人员，对实事求是比能言善道更有兴趣，对感动人心比甜言蜜语更觉满足，创意给人生命和生趣。"在现代广告设计中，广告最基本的目的即为"广而告之"，达到此目标最直接的方法是使广告在消费者心中留下深刻的印象，不易被遗忘和代替，从而提升商品的价值，得到消费者的青睐。而创意思维在广告设计中处于核心，具有高效的信息传达影响力，广告因创意而精彩。

5.1　广告中创意思维的概念

创意思维又称创造性思维，是抽象思维、形象思维、灵感思维等多维度思维形式综合作用的表现形式，指人们在进行思维活动的过程中，不断抛出新问题和提出解决方案的具有创新性的思维方式。从字面上来理解，创意思维有两层含义：其一作为名词，创意思维指具有创新的意识、点子、想法；其二作为动词，创意思维可指具有创造性思维活动的过程。在现实中，更倾向于以"广告中创意思维"来定义广告创意，其由广告诉求和广告表现两部分构成，主要通过富有创造性的手法吸引消费者，从而促进其进行购买（图 5-1）。

有"广告教父"之称的大卫·奥格威认为："要吸引消费者的注意力，同时让他们来买你的产品，非要有好的点子不可，不然它就像快被黑夜吞噬的船只。"设计师在广告创意过程中必须运用创意思维，要求掌握冲击性原则、新奇性原则、渗透性原则、包蕴性原则和简单性原则，同时应秉持着原创性、关联性、震撼性等综合因素进行设计创作。一个成功的广告创意，必须达到主题明确、安排巧妙、掌握艺术手法、产生共鸣等水准。因此，广告创意是一个非常复杂的思考过程，要经历反复斟酌才能逐渐形成较为完整的创意计划。

图 5-1　联合国世界食物日广告　萨奇广告公司　瑞士　2012

5.2 广告中创意形式的表现特征

广告创意形式是介于广告策划和广告制作两者之间的一种艺术构思活动。创意不仅是利用视觉符号语言构成表现作品内容的主要方式，同时也是广告设计的思想内核与灵魂，具有很强的说服力。设计师将脑海中形成的灵感、感受、体验等内容，与主观情感和情绪相融合，通过一定的联想、夸张、变形等表现手法转化为创意点子。好的广告作品能够将创作思维贯穿表现过程，客观地处理"贯彻创意"和"强化创意"的问题（图5-2）。

广告中创意形式具有独创性、新颖度、时效性、情感性四种主要的表现特征。

图 5-2　阿斯卡尼亚（Askania）手表广告　萨奇广告公司　柏林　2012

　　带有该品牌标志的手表表盘在艺术指导下，化身成为当地的标志性场景，象征了该品牌在当地的地位以及可靠性（图 5-2）。

5.2.1 独创性，吸引力和感染力的根基

独创性又称原创性，指设计师拒绝墨守成规和故步自封，大胆地追求标新立异，经过独立构思创作产生的产物，具有不可替代性。独创性是广告创意最具代表性的特征，是吸引力和感染力的根基，同时也是从一众广告中脱颖而出的关键因素。具有独创性表现特征的广告通常具备震撼的心理突破效果，在消费者脑海中留下深刻的印象，这便符合广告传达的心理阶梯的目标（图5-3、图5-4）。

"笔墨当随时代"，广告创意应当如此。大众审美随着时代而改变和前进，广告也逐渐追求个性鲜明和独创。具有时代精神独创性的广告创意需要经历四个环节：境域—启迪—顿悟—验证。

5.2.1.1 境域

境域是广告创意思维的生成环境。设计师在进行广告创作之前，首先应该对设计对象的相关背景、条件、环境等因素有较为清晰的了解，然后再尽力投入思维创作之中。一般情况下，思考问题越积极，越愿意进行更多的尝试和挑战，越能得到精彩的广告创意。

5.2.1.2 启迪

启迪是广告创意思维的信息纽带。当构思遇到瓶颈难以前进时，不妨尝试从其他学科的表现形式中寻找新的灵感，之后经过反复酝酿，产生更完整、有新意的内容，最终使用合适的艺术语言使之呈现出来。

图5-3 凯宝（Cam）婴儿用品品牌宣传广告 BBDO 公司 意大利 · 2012

5.2.1.3　顿悟

顿悟是广告创意思维的灵感显现，是指有效的知识信息在脑海中重新组合后忽然间领悟，从而产生一种豁然开朗的感觉。顿悟构思源于心理学关于思维的研究。很多时候广告创意的"闪光点"都来源于一瞬间的顿悟，应善于在自由想象中及时捕捉不凡的点子。

5.2.1.4　验证

验证是对广告创意思维结果进行多角度分析的审视过程。通过这个过程，将上一阶段通过"顿悟"得到的点子具体加工，在实践中可以验证广告创意是否表达清晰，是否打动了消费者并为之留下丰富的想象空间等。

图 5-4　尼桑汽车安全停车性能广告　TBWA 公司　澳大利亚　2012

360°倒车影像利用大脑对直观信息的解读，绘制了全方位观看倒车的过程，进行合成的呈现。在幽默中完美宣传了汽车该功能的优势（图 5-4）。

5.2.2　新颖度，引人入胜的关键

新颖度通常释义为新而别致的程度。广告创意的新颖度是指构思唯有新颖独特才能一枝独秀，切忌因循守旧，模仿已有的、陈旧的创意理念，人云亦云只能导致平庸。新颖度是引人入胜的关键，广告创意应视新颖度为生命。

5.2.3　实效性，把握消费者接受的心理

广告创意的实效性即用好的创意设计出优秀的广告作品并与消费者进行有效的沟通。广告创意能否产生效果很大程度上取决于广告信息的传播率。实效性通常包括理解性和相关性。理解性是指被普罗大众所接受，相关性则是包含广告内容和主题相关联的意义。设计师在构思广告创意时，应善于运用各种语言符号组合，使其最大程度发挥实效性。

5.2.4 情感性，沟通消费者感性的桥梁

随着人们对生活品质要求的不断增高，充满理性思维的广告创意在这个时代背景下稍显单薄。情感性广告秉持"以情动人"的原则，"感人心者，莫先乎情"，将情感注入广告设计之中，更容易打动消费者的内心，符合消费者对感性的诉求，实现情感满足。情感广告是感性诉求的主要表现形式，通过输出情绪反应使消费者达到共鸣，从深层次挖掘产品与消费者之间的情感连接，加强消费者的心理暗示，从而获得消费者的认可并实现购买行为。

情绪是情感的外在表现，是人们真情实感的流露，包括喜、怒、忧、思、悲、恐、惊等。广告要达到预期效果，抓住消费者的情感诉求是最大众化的策略。作为广告设计师，要紧紧抓住消费者的心理，关注消费者的心理变化，加深品牌记忆，占据消费者心里的位置，唤起消费者享用各种商品的欲望（图5-5）。

图5-5 办公仓库推广广告 Juice公司 曼谷 2012

托运易碎重要的物品，安全到像是很多双手捧着、呵护着物品，潜移默化地强调该办公用品仓库的安全性。设计师捕捉到该类型企业的关键点，即防护性好，从而有针对性地进行设计（图5-5）。

情感性特征在广告创意中是如何运用的呢？广告设计在营销推广的过程中对于受众、产品及品牌三个关键内容的分析至关重要。

5.2.4.1 受众定位

应提前做充分的市场调研准备，通过细分消费群体和设计用户画像，研究其消费心理，进行有针对性的研究，再开始制作广告策略。在制订情感策略时，应着重把握与目标受众的情感需求相符合，有相同的磁场才能引起共鸣（图 5-6）。

5.2.4.2 产品挖掘

非公益广告的最终目的都是更好地将产品售出。每个产品都有自己的目标定位，挖掘其中的情感内涵进行拓展延伸，使消费者获得内心深处的情感认同，与之建立深厚情谊，激起购买欲望。

5.2.4.3 品牌理念

应结合受众定位和产品挖掘，建立其品牌理念。正确把握品牌精神与情感性两者间的联系，才能更有效地将情感因素投入广告创意之中。品牌理念是广告创意的升华，影响整个广告设计的过程，好的品牌理念将为产品树立良好的形象，并为广告带来可观的效益。

图 5-6 Radiance-H 头发养护广告
Point Blank 公司 印度 2012

5.3 广告创意的表现方法

　　如今，产品只有具备核心竞争力，才能在日益激烈的市场竞争中求得生存与发展。众多实例表明，优秀的广告能为企业带来可观的效益，因而越来越多的企业意识到广告设计的重要性。广告要获得消费者的青睐，一定要具有卓越的创意和非凡的表现力。为了高效进行广告作品与消费者之间的沟通，使其产生自愿的购买行为，便形成一系列科学的广告创意的表现方法（图5-7）。

Everybody **has a target**

图 5-7　NERF 玩具广告　Villafane 公司　美国　2015

NERF 是由帕克兄弟公司创建，目前由美国孩之宝（Hasbro）公司所拥有的玩具品牌。该品牌推出的大部分玩具是发射以 NERF 海绵为基础材料制成子弹的玩具枪，但也包含有几种不同类型的玩具。广告利用动物的追击特征模拟玩具"粘粘弹"，趣味中不缺乏对商品属性的解读（图 5-7）。

5.3.1　夸张

夸张也称为夸饰，其实质是为达到某种表达需要，对事物的形象、特征、作用、程度等方面着意扩大或缩小的一种修辞方法，有缩小夸张、扩大夸张和超前夸张三种形式。广告创意的夸张手法一般以客观事实为创作前提，有目的地放大或缩小事物的形象特征，再通过适当的渲染来引起消费者丰富的想象和强烈共鸣。设计师在运用夸张手法进行广告创意表现时，应注意把握夸张的尺寸，遵循合理化原则，避免使人产生厌烦之感（图 5-8）。

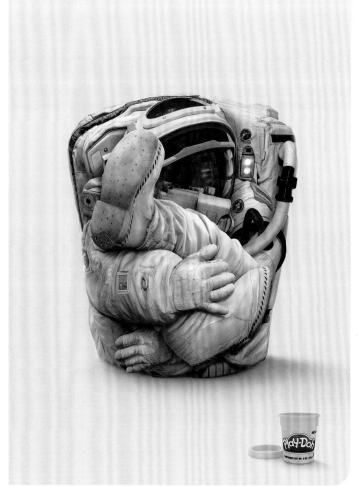

图 5-8　培乐多彩泥产品广告
Doarte 工作室　智利　2015

　　培乐多彩泥（PlayDoh）
是世界第二大玩具生产和销
售企业，是美国孩之宝公司
70 多个子品牌之一。

　　该广告利用夸张的表现
手法将多彩泥容易塑形、色
彩丰富的特征表现出来。艺
术表现方面也非常出彩，有
较好的宣传效果（图 5-8）。

5.3.2 联想

联想是由于某人或某种事物而想起其他相关的人或事物，或由某一概念而引起其他相关的概念。联想是暂时神经联系的复活，即在外部特征和意义上相似或相反的事物，反映在人脑中并建立联系。设计师习惯性地先采用传统方式展现图形、文字、色彩等相关元素，再运用联想创意的方法使其拟人化、写意化，通过多角度和多方面的呈现，使其具有丰满性和创造性（图 5-9）。

联想出现在广告创意中的途径多种多样，例如在本质或特征上有反差的事物之间产生联想、在时间或空间上有关联的事物之间产生联想、在逻辑或客观事实的因果关系上产生联想。联想无论在生活中还是在广告设计中都无处不在，正确使用联想法，可以使广告创意更加有厚度和深度。

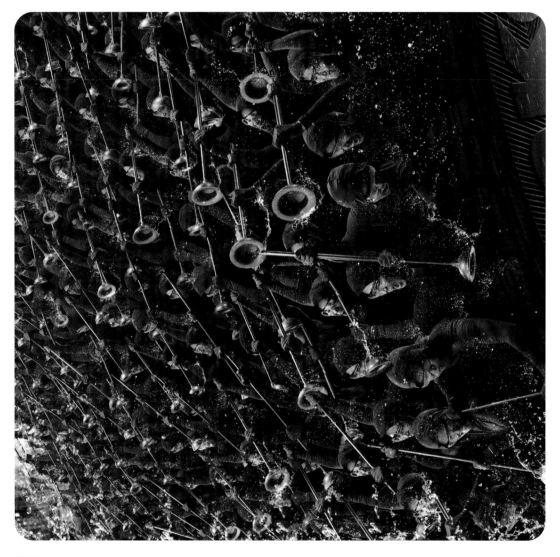

图 5-9

图 5-9　韩泰轮胎广告　Innocean 公司　韩国　2011

　　韩泰轮胎成立于 1941 年，是韩国的一家轮胎企业。缺气保用轮胎能够在轮胎零压状态下，车辆轮胎仍然能独立自我支撑、以 80km/h 的速度行驶至少 80km，实现零压续行。画面中利用合成的手法，让抓地力以及轮胎的质量性能信息扑面而来。

5.3.3　比喻

　　古希腊哲学家亚里士多德曾说："比喻是天才的标志"。比喻是将本质上与宣传品各不相同、但某些特质与内容上有相似因素的事物来借题发挥，以比喻产品的形象、性能和特点，即"以此物喻彼物"，达到一种心领神会的意境。比喻型广告是指使用比喻手法进行创意思维的广告。比喻手法可以改善广告中平庸的表述，调节进程节奏，使寓意委婉且深刻（图 5-10）。

5.3.4　对比

　　对比是广告设计中常用的表现手法，它是将展示的主体与其他不同的产品放在同一个画面中产生对比效果。对比一般有三种形式，即与竞争者对比、与相关事物对比和与自身产品对比。

　　对比属于形式美法则中的一种，趋向于对立冲突的艺术表现形式。广告设计时可以将画面中最独特的性能、元素等特点进行对比。例如将两种或两种以上不同主体的尺寸、色彩、形状等元素进行对比，从而达到震撼的视觉效果，让消费者留下深刻的印象。

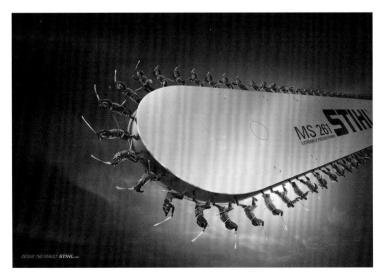

图 5-10　斯蒂尔（Stihl）电锯
广告　Scholz & Friends 公司
德国　2011

斯蒂尔家族不仅发明了电
锯——动力锯，而且它们的动力
锯至今仍然是世界头号名牌，是
不断的发明与革新给了动力锯恒
久的生命。

因此，在广告画面里既反映
了产品的功能性，又体现了企业
的不断进取。

5.3.5 悬疑

悬疑型广告通过使用悬疑法调动观众的想象力，故弄玄虚留下有迹可循的悬念，使观众对广告产生疑惑、紧张、期待、揣测、联想等一系列心理活动。悬疑型广告一般具有留白空间，可以驱使观众持续联想，达到好奇追踪、追根究底的效果。

悬念型广告对创意有着极高要求。其本质在于是否能成功调动观众的"胃口"，使观众自发带着好奇心找出线索揭开"谜底"。随着"谜底"被成功揭晓，将带给观众无比深刻的奇妙体验。

5.3.6 拟人

拟人是将所要表现的商品、动物、植物等对象赋予人的特性。将事物人格化，能增强广告的形象性和生动性（图5-11）。

在广告创意中，时常采用绘画、摄影、电脑制作等手法，借助日常生活、神话传说、童话故事等题材来呈现拟人化特征。此类型的广告创意受到观众的喜爱，给观众以鲜明、活泼的印象，与此同时使用"深入显出"的表达方式，可以更好地帮助观众理解广告内容。

图 5-11　法国公鸡（Le Coq Sportif）广告
Thomas 设计机构　法国　2014

法国公鸡（Le Coq Sportif）是来自法国的运动品牌。法国公鸡以其高品质的服装深受大家喜爱。图5-11利用拟人的艺术表现手法，将力量与优雅的品牌定位展现出来，针对追求与高尔夫相吻合的运动精神和喜欢时尚的高尔夫爱好者的特点，体现了品牌的精神。

5.3.7　直接展示

　　直接展示是在各种类型产品的广告设计中广泛使用的表现方法。直接展示法倡导将产品直接推向消费者面前的理念，充分利用摄影和绘画的写实能力，通过放大局部进行细节展示和语言介绍，宣传产品的质感、形态和功能。因此，需要利用光影、背景、角度等进行烘托，突出产品的优势之处，让观众感受到精致的真实感，随即对所宣传的产品产生信赖（图 5-12、图 5-13）。

图 5-12　艾伦腰带广告　Solid 公司　意大利　2011

　　艾伦腰带是意大利优质腰带，利用腰带摆出的造型分别模拟罗马古斗兽场以及比萨斜塔的外观（图 5-12）。在充满匠人精神的意大利，让人产生精品大师杰作的联想。

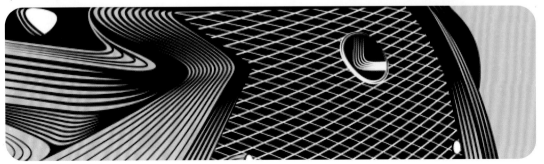

图 5-13　雷克萨斯汽车广告　帕特里克（Patrick）　加拿大　2017

5.4 专题拓展：电通公司经营策略分析

电通（日语：電通／でんつう）公司是源自日本的跨国广告公司，总部位于东京汐留。日本五大民营电视台之一的 TBS 电视台也与其有密切关系。作为世界一流的广告公司，电通始终致力于广告业，并认为广告要解决的最根本的问题是人与人的沟通问题。电通公司总能预测时代的发展并大胆行动（图 5-14、图 5-15）。

电通公司是单体广告公司，其营业网络和业务遍布世界各地，拥有世界级的竞争能力。北京电通广告有限公司（以下简称北京电通）是电通公司在日本之外最具影响力的分公司之一，也是中国国内少数具有真正实力将各种宣传手段如促销、事件行销、公关、网络互动与传统媒体有效整合，将方案彻底执行，提供一站式服务的代理商。

为顺应现代消费理念和环境的变化，北京电通从东京电通总部引入新的营销沟通策划利器 IMC2.0 版本（IMC Ver. 2.0），将电通公司最新的 AISAS［Attention（注意），Interest（关心），Search（检索），Action（购买行动），Share（反馈共享）］传播理念，通过电通公司的全球性门户网站 D-CITE 平台，具体落实到为客户品牌沟通企划的各个步骤上，为客户提供更为卓越的策略性整合营销沟通方案。

"挑战所有传播课题，寻求最佳解决方案"，始终是北京电通的奋斗目标。提供创造性的、卓越的信息交流服务，是北京电通一贯的责任。北京电通的使命就是通过具有创造性的工作促进中国企业与市场、中国与世界的交流及发展，并在这一过程中不断成长壮大。

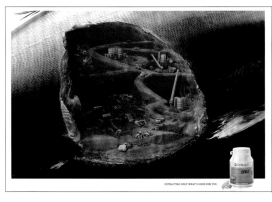

图 5-14　Kyo-Epax 浓缩鱼油广告　电通公司　泰国　2013

"Extracting only what's good for you."（只采集精华的部分。）画面中夸张处理了采集的过程，清晰地传递了该产品的重要宣传信息（图 5-14）。

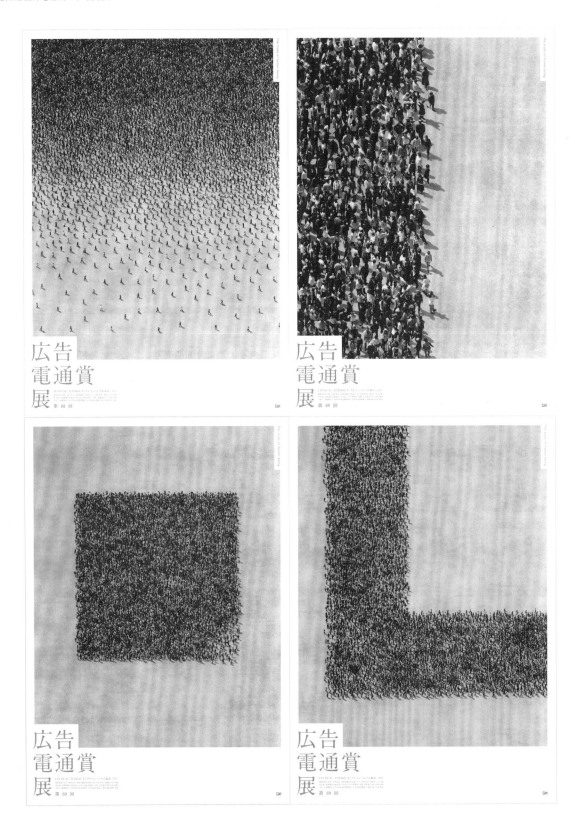

图 5-15　电通广告奖展览宣传招贴　电通公司　日本　2016

5.5 思考练习

◆ 练习内容

1.查阅哥伦比亚广播公司（CBS）相关卡片式头脑风暴的方法，充分准备，互相启发和激励之后做出系统的创意策略，并以小组为单位进行最终的执行和展示。

2.以某个中华老字号企业的代表性产品或服务为主题进行创意设计。

◆ 思考内容

1.消费者对广告的解读存在哪些不确定性？

2.消费者对广告的解读为何存在不确定性？

3.广告接受的程度与艺术本身有何差别？

更多案例获取

Jacques Segura.

Advertising is not limited by space and region. It is realized through various modern media and the artistic effect of its information influence.

广告不受空间、地域的限制。它通过各种现代化媒介以及其信息影响的艺术效果来实现。

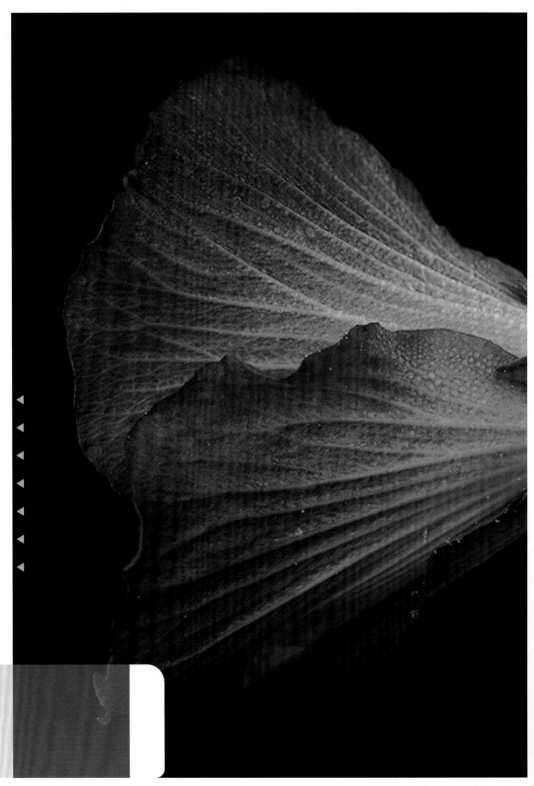

广告
设计

第6章 不同媒介的广告设计

教学关键词：

媒介 直效广告 印刷媒体 电子广告 户外广告 跨媒介广告

教学目标：

○ 明晰直效广告的基本概念和特点

○ 分析印刷媒体广告、电子广告和户外广告各自的优缺点

○ 认识跨媒介广告，并从视觉设计角度分析其特点

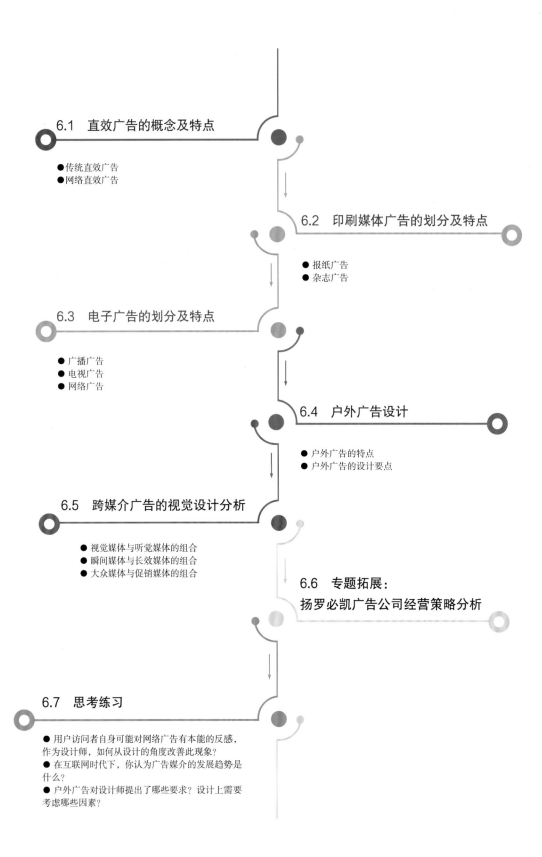

6.1 直效广告的概念及特点

- 传统直效广告
- 网络直效广告

6.2 印刷媒体广告的划分及特点

- 报纸广告
- 杂志广告

6.3 电子广告的划分及特点

- 广播广告
- 电视广告
- 网络广告

6.4 户外广告设计

- 户外广告的特点
- 户外广告的设计要点

6.5 跨媒介广告的视觉设计分析

- 视觉媒体与听觉媒体的组合
- 瞬间媒体与长效媒体的组合
- 大众媒体与促销媒体的组合

6.6 专题拓展：
扬罗必凯广告公司经营策略分析

6.7 思考练习

- 用户访问者自身可能对网络广告有本能的反感，作为设计师，如何从设计的角度改善此现象？
- 在互联网时代下，你认为广告媒介的发展趋势是什么？
- 户外广告对设计师提出了哪些要求？设计上需要考虑哪些因素？

广告媒介是指进行广告宣传的物质手段和工具。媒介本身是没有好坏之分的，但是针对特定的广告具备有效和无效的区别。不同的媒介对广告的投放，在内容承载力、送达率、覆盖面、影响价值和费用等方面都有差异。使用不同的媒介策略意味着期待不同的效果。在新媒体大环境下，为了满足消费者的实际需求，广告媒介呈现出新的特点和趋势。应结合产品的实际情况，选择一种或多种媒介方式进行宣传，以利于产品最大限度地获得经济效益。

6.1　直效广告的概念及特点

直效广告是一种较为直观的双向沟通形式，意指通过媒介与特定消费者直接沟通，达到直接激发其采取行动或给出反应的广告形式，一般包括传统直效广告和网络直效广告。传统直效广告有直邮、信函、传单、夹页等，这需要从潜在客户处得到简单的回应，消费者可以选择邮购、信函、电话营销及有线电视购物频道进行购买；网络直效广告有电子邮件广告、电子书籍广告、线上商城广告、网页广告等，由于其高效率、高覆盖率和高反馈率，所以是企业目前最常用的方式。

6.1.1　传统直效广告

在互联网还未兴盛的时代下，传统直效广告往往是企业的最优选择。通常使用的媒介有邮件、邮票、邮寄品、明信片、印刷传单及报刊上登载的折价券等。传统直效广告具有到达率高、阅读率高、深度传播强、重复使用率高、针对性强、能较准确选择传播对象等优势。按姓名、地址邮寄有关广告宣传资料，目标受众的到达率可达百分之百；不受其他广告的竞争干扰，较适合做深度的传播，能详细介绍产品特性、价格；重复使用率高，只要有效，便可以一直沿用下去（图 6-1）。

图 6-1　用代码写的 ONLY 广告　Saatchi&Saatchi 公司　美国　2020

6.1.2　网络直效广告

在互联网大数据时代，网络直效广告已没有循规蹈矩的界限，它是一种开放的、包容的广告投放方式。众所周知，网络直效广告的优势之处在于互动性，其核心点和关键点就在于得到受众的直接反馈。受众可以看到广告的内容，通过互联网来订购产品。像游戏点券之类的虚拟消费充值卡，甚至可以直接缴费使用。

网络直效广告包括群发电子邮件广告、电子杂志广告、线上商城广告、软件广告、桌面广告和游戏广告等形式，具有高效率、便捷、覆盖率广、载体丰富、内容有趣等多个优点。因此可以得出结论，网络广告是目前最直接的直效广告之一。或许在不久的将来，越来越多的人不再邮寄信件，那么网络直效广告便是企业最青睐的广告投放形式（图6-2）。

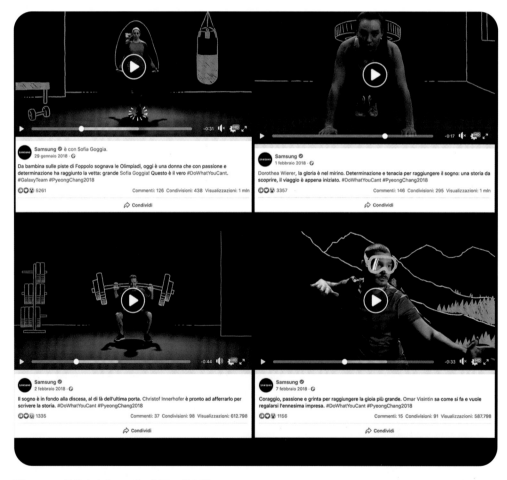

图6-2　三星推广广告　Milla 公司　意大利　2019

直效广告能很快得到消费者反应，它使广告主能准确地知道投下的广告费收益如何。直效广告投入的费用比较低廉，传播方式较为简单，得到的反馈也比较直接，更适合中小型企业使用。直效广告的局限在于只针对特定受众群体，传播范围有限。

6.2 印刷媒体广告的划分及特点

印刷媒体广告是传统媒介的一种，指采用以印刷技术为手段的媒介向社会公众传播广告信息。报纸和杂志是其中两种典型的形式。这类媒介是广告设计中最普遍和最经典的承载工具，其发展和应用情况与印刷的技术息息相关。

6.2.1 报纸广告

报纸广告曾经在广告市场上是仅次于电视广告的第二大广告媒介，对人类文明的进步有着深刻意义。报纸在广告媒介中占有弥足轻重的地位，是传统媒介不可缺少的重要组成部分。如今互联网＋的社会新形态下，报纸的使用率越来越低。随着网络广告等电子广告的兴起，传统的报纸广告受到强烈冲击并面临强劲的挑战（图 6-3、图 6-4）。

6.2.1.1 报纸广告的优点

信息传递及时，时效性强；读者稳定，覆盖面广，可信度高；刊登日期和版面的可选度较高，便于对广告内容进行较详细的说明；便于保存，制作简便，费用较低。

6.2.1.2 报纸广告的局限性

时效短、传阅者少；印刷简单，缺乏生动力和感染力，刊登的广告效果往往不尽人意；版面设计较保守，追求统一性，缺少设计感和独特感。

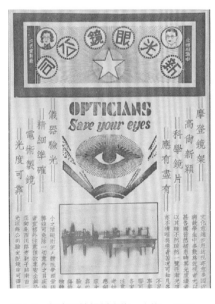

图 6-3 新光眼镜报纸广告 上海 1933　　　　图 6-4 燕窝报纸广告 上海 1933

6.2.2　杂志广告

杂志广告是指刊登在杂志上的广告，杂志通常可以分为专业性杂志、行业性杂志和消费者杂志等类别（图6-5、图6-6）。

6.2.2.1　杂志广告的优点

保存周期长，具有优越的可保存性；传阅率较高，可以更好地与读者进行接触；有固定的读者对象，可以深入某种专业领域；发行面广，某些国际期刊具有全国性甚至世界性的影响力，有利于广告宣传；可使用的篇幅多，选择性和灵活性较强，便于施展广告设计技巧。

6.2.2.2　杂志广告的局限性

杂志的发行量一般小于报纸；出版周期较长，无法刊登有时间限制的广告；时效性较弱，传播速度有限，仅适合传递阶段性的广告信息。

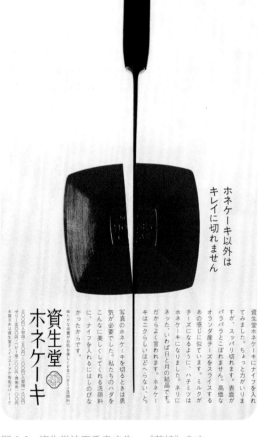

图 6-5　EXEL 瓷砖广告　李奥·贝纳公司　
斯里兰卡　2015

图 6-6　资生堂洁面香皂广告　《花椿》杂志　
日本　1964

6.3 电子广告的划分及特点

电子广告作为一种新兴的广告形式，随着互联网的发展呈现蓬勃发展之势。电子广告是使用电子信息技术和电子媒介来传达广告信息的广告形式，主要包括广播广告、电视广告和网络广告。电子广告的用途非常广，包括企业宣传、产品宣传、招商、购物和招聘求职等，具有价格便宜、宣传范围广、形式活泼、交互方式灵活、便于用户检索、无时间和地域限制的优点。

6.3.1 广播广告

广播是通过无线电波或金属导线，用电波向大众传播信息、提供服务和娱乐的大众传播媒体。广播广告有着悠久的发展历史，是一种非常传统的电子广告媒介。第一支广播广告是由美国 KDKA 电台于 1920 年 9 月 29 日播出的。中国的广播广告最早出现在 20 世纪 20 年代末。在电视没有发展普及之前，广播广告是备受人们欢迎的。虽然电视和互联网的兴起，将大批广播广告客户拉走，但是目前为止，广播广告凭借自身的独特魅力依然拥有较大的影响力。

6.3.1.1 广播广告的优点

信息转换简便，成本低，信息传达及时；播放载体简单，可随身携带，具有高兼容性；高效的交流感，互动性强；覆盖面广，听众可以不受时间和场所的限制，收听自由。

6.3.1.2 广播广告的局限性

听众分散，宣传效果难以预测；缺乏具体的视觉形象，无法展示广告产品；购买程序混乱，容易受环境干扰，听众难集中注意力。

6.3.2 电视广告

电视广告是一种经由电视传播的广告形式，它兼具视听效果并综合运用语言、声音、文字、动作等手段传递产品信息，属于瞬时媒体。电视广告具有丰富的表现力和感染力，是近年增长最快的广告媒体之一，具有独占性和印象性等特征。主要包括特约播映广告、普通广告、经济信息、直销广告、文字广告和公益广告六种形式。

6.3.2.1 电视广告的优点

面向大众，普及率高，覆盖面大；视听兼备，综合表现力强，具有冲击力和感染力；有一定强制性，反复播出可以加深观众的印象，建立情感，增加产品亲和力；贴近生活，容易打动观众。

6.3.2.2 电视广告的局限性

制作复杂，播出费用高昂；传播效果的瞬间性；众多广告一起拥挤在黄金时间段，由于混杂可能引起观众反感（图 6-7、图 6-8）。

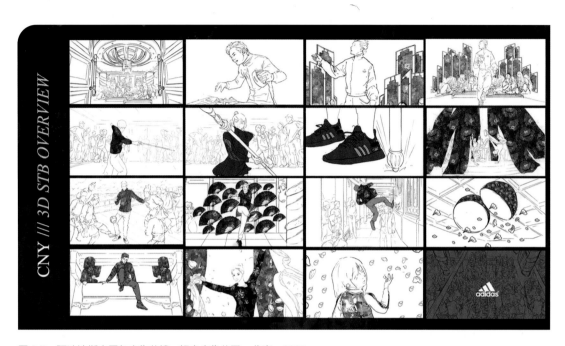

图 6-7　阿迪达斯中国年广告分镜　好卖广告公司　北京　2020

图 6-8　阿迪达斯中国年广告截图　好卖广告公司　北京　2020

6.3.3　网络广告

网络广告是指通过在网站横幅、文本链接和多媒体等网络平台上投放广告，再传递至互联网用户的一种高科技广告运作方式。网络广告在互联网 + 的时代背景下拥有得天独厚的优势，是实施现代营销媒体战略的重要部分。

网络广告在网络营销方法体系中具有举足轻重的地位，其具体表现形式有横幅广告、电子邮件广告、搜索引擎关键词广告、搜索固定排名等。网络广告是一个全新的广告媒体，其本质是对用户注意力资源的合理利用。网络广告是中小企业以及广泛开展国际业务的公司很好的宣传途径（图 6-9、图 6-10）。

6.3.3.1　网络广告的优点

不受时间和空间限制，传播范围极广；信息互动传播，具有交互性和纵深性；受众数量统计精确，可以为不同的用户量身定做广告内容；实时、灵活、成本低，具有可重复性和可检索性；多媒体、多维度、感官性强，使用户得到参与感；速度快、更改灵活，可及时实施和推广。

6.3.3.2　网络广告的局限性

用户访问者自身对网络广告有本能反感；软件技术和工具对广告的过滤；网络宽带、网络终端等普遍性问题；管理监管滞后，网络广告专业人员缺失；强迫性广告过多，部分广告缺乏真实性，易误导用户。

图 6-9　双十一阿里线上广告
阿里巴巴公司　杭州　2021

双十一淘宝购物节活动时，淘宝客户端都会推出大量以天猫图形为框架的广告设计。造型统一、风格多变是这一线上推广的优势和亮点（图 6-9）。

图 6-10　腾讯公司 QQ 春节鼓力全开推广广告　腾讯 ISUX　深圳　2020

　　腾讯 ISUX 用户体验设计部门为了让传统文化得以继承和发扬，在 2020 年的 QQ 春节活动中搭建了 QQ 春节红包活动平台，在主活动玩起来的同时，给微视、游戏等分会场业务导流。主活动以对联及答题的形式为主要载体，旨在让用户通过简单而有趣的方式获得福利的同时，重温中华民族上下五千年文化沉淀的趣味知识点。

　　首先理解用户活动运营的本质，明确用户在行为链路上的流程，也就是从人流到信息流再到行为流的过程。基于新版本灰度用户和大盘活跃用户进行小版本不断灰度放量迭代，基于用户画像、偏好、标签等精准推送商家卡券到目标用户；通过微博、微信、合作方等公域渠道和 QQ 多个私域渠道引流吸引触达 QQ 春节红包活动，并在用户活动行为路径上进行全链路转化（图 6-10）。

6.4 户外广告设计

户外广告是一种公共空间的传播媒介，指在建筑物的外立面或街道、广场、商业区、路边等室外公共场所设立的霓虹灯、广告牌、LED（发光二极管）显示屏、气球、大型充气模型、企业形象雕塑等。户外广告是面向大众的，外观设计新颖独特，不仅可以提升城市科技水平，还能丰富城市居民文化生活。户外广告可以在固定的地点长时期地展示企业的形象及品牌，因而对于提高企业和品牌的知名度是稳定且有效的。

户外广告具有阶梯性、产业化和均衡化的特点，优先选择人流量较大的地点进行投放，尤其像 LED 显示屏一般选择城市的地标性建筑之上，可以达到传播震撼的效果。在我国，户外广告已经成为广告届新生代的主力军，发展势头非常迅猛（图 6-11）。

6.4.1 户外广告的特点

户外广告可以分为平面和立体两大类。平面户外广告包括路牌广告、招贴广告、壁墙广告、海报、条幅等；立体户外广告包括霓虹灯、广告柱、广告塔灯箱广告、LED 显示屏等。设计新颖、制作精良的户外广告能成为一个地区的象征性标志。

6.4.1.1 户外广告的优点

可以选择人流量密集的地点投放，到达率非常高；对地区和消费的选择性广，可以为在此区域固定消费的潜在顾客提供循环反复的宣传，使其留下强烈印象；各具特色，内容直接，表现形式丰富多彩。

6.4.1.2 户外广告的局限性

容易受场地和数量的限制，由于大多数广告位置固定不动，覆盖面较小；面对的受众流动性大，效果难以统计。

图 6-11 耐克公司广告 Taxi 广告公司
美国 2006

6.4.2 户外广告的设计要点

6.4.2.1 独特性

户外广告面对的受众是流动性大的行人，因此，设计师应首先重点考虑距离、视角和环境这三个因素，之后再确定广告的位置和尺寸。常见的户外广告以长方形较多，但要视具体情况而定，最终的目的是使广告外形与环境背景相协调，产生视觉美（图 6-12）。

6.4.2.2 提示性

户外广告想要吸引人流的注意力，应考量受众经过广告的位置和时间。采用简洁、直接的画面结合提示性的文字可以使广告得到消费者更多的关注。

图 6-12 Tiff's Treats 饼干礼盒广告 THE SHOP 公司 美国 2020

6.4.2.3　计划性

成功的户外广告设计通常遵循严谨的计划性原则。设计师要设定准确的目标和广告战略，实施过程要以实现结果为最终目的，避免盲目和失去方向。因此在设计户外广告前，设计师必须先进行市场调查、分析和预测等活动，在此基础上再制订详细的广告设计、文案和投放策略。户外广告不仅在经济领域起到作用，还作用于思想意识领域，甚至对现实生活产生潜移默化的作用，因此作品一定要呈现积极向上的态势（图 6-13）。

图 6-13　奇巧巧克力广告　JWT　英国　2018

　　JWT 公司的沃尔特·汤普森为奇巧（KIT KAT）巧克力设计了一个自动关机的广告牌，旨在说服公众节约用电。2018 年 3 月 24 日星期六晚上 8:30，全世界数百万人齐聚一堂，断电 60min。为了提高人们的环保意识，汤普森定制了一个数字广告牌，它由一个简单的电路组成，开关是 KIT KAT 的巧克力产品。当时钟敲到晚上 8 点 30 分，全世界的人都关灯时，特制单元中的 KIT KAT 巧克力响应断掉，电路断了，海报的电源也断了。这是一个完美的时机，在塔桥上的灯光同时关闭，给人一种错觉，以为它关闭了桥的电源，以加强信息的时效性（图 6-13）。

6.5　跨媒介广告的视觉设计分析

媒体也称为媒介，媒体或媒介是传播渠道、手段或工具，也是将传播过程中的各种因素相互连接起来的纽带，可以指：传播媒体，传播信息资讯的载体；大众媒体，有大量受众（大众传播）的一类传播媒体；新闻媒体，以新闻为主要表现形式的大众媒体；介质，传播能量波的物体（图 6-14）。

在广告的范畴内，广告媒体同样也称为广告媒介，是在广告主和广告目标对象之间起联系作用的物质，也是承载广告信息以达成广告目的的一种物质技术手段。在现代社会中，凡是能刊登广告作品、在广告宣传中起到传播信息作用的物质，都可称为广告媒体。

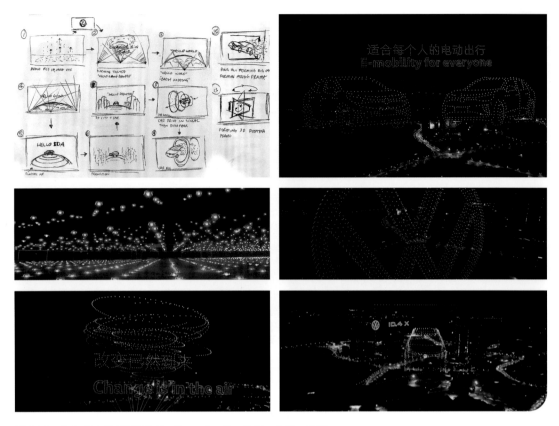

图 6-14　大众 ID.4 发布现场广告　Super Bonfire 公司　北京　2020

广告策划团队通过 2000 架无人机进行展会的集中排列。为了获得不同的体验，使用了两款定制的第一人称视角无人机，配备 BMCC 6K 摄像头，在编队中飞行。声、光、电等元素及各种媒介的组合，达到极好的效果（图 6-14）。

广告媒体组合在一定程度上具有策略性，即跨媒介进行广告传播。

（1）视觉媒体与听觉媒体的组合

视觉媒体很立体直观，给人一种真实的感官体验，听觉媒体不如视觉媒体传播范围广，但是抽象中可以给人带来更为丰富的想象。

（2）瞬间媒体与长效媒体的组合

瞬间媒体是指广告信息存在时间较短、转瞬即逝的媒体，以电波电子媒体等广告为代表，一闪而过，信息不易保留，因此要与长期保留的媒介相互作用，供观者反复阅读和使用。

（3）大众媒体与促销媒体的组合

传播优势在于"面"的范围，声势及传播面较大的媒介就是大众媒体，如报纸、电视、广播、杂志等广告媒体。这些媒体脱离于销售现场，因此只能起到间接促销的作用。利用邮寄、招贴、展示推广、户外广告等方式进行较小范围的传播，优势在于精准和灵活。如果将两种传播媒介进行配合使用，直接促销的效果会更明显。

6.6 专题拓展：扬罗必凯广告公司经营策略分析

扬罗必凯（Y&R）广告公司（以下简称扬罗必凯）是美国经营历史最长和规模最大的广告代理公司之一，并与中国国际广告公司于 1986 年合资在北京成立了中国内地第一家 4A 广告公司。扬罗必凯率先把国际专业广告和品牌实践经验及模式带入中国。

扬罗必凯以创意著称，主张创意是基于严谨的分析操作和人群洞察而来并能推动业务的发展，其设计的平面广告作品以出众的色彩运用和文字把握在众多机构中更加突显，曾开发了世界上首个也是最大的品牌管理工具——BrandAsset Valuator（BAV），为品牌主提供策略、数据与创意洞察支持。扬罗必凯服务于诸多世界财富 500 强企业客户，在中国区连续两年蝉联戛纳表现最佳广告创意公司。

扬罗必凯认为，有效的推广很少依靠单一途径获得成功。所以如果在一个案例中发现直邮或者平面组合或者互动营销比 30s 的电视广告更有效，那扬罗必凯会这么建议客户。不怕与众不同，以客户伙伴的业务为唯一目标，并努力让他们的品牌更与众不同，更令人难忘从而更成功（图 6-15 ~ 图 6-17）。

图 6-15 路虎公司抗击埃博拉病毒公益广告 扬罗必凯 南非 2015

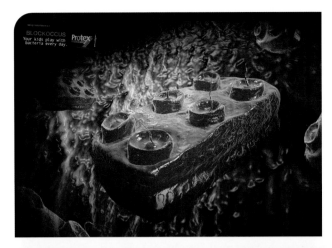

图 6-16 高露洁 Protex 抗菌蜂胶洗手液广告
扬罗必凯 美国 2015

图 6-16 具象化呈现两种不同的细菌
Blockoccus 和 *Soccerbacillus*，并伴随着广告
语"你的孩子每天都在跟细菌接触"。警醒中
强调了产品的功用，显示了该洗手液的必要性，
有较好的推广效果。

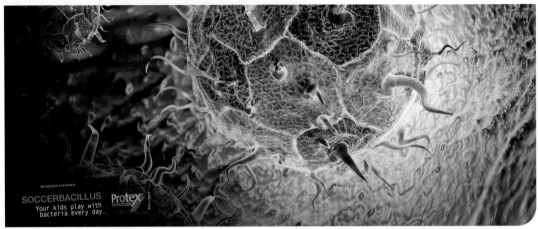

图 6-17 PopClik 耳机广告
扬罗必凯 美国 2015

产品在外观结构上具有较强折叠
的特性。广告在画面中将代表性的乐
器利用折纸的方式进行折叠，概念即
为折叠音乐。清爽又搭配亮色的画面
给人以音乐的通感享受（图 6-17）。

6.7　思考练习

◆　练习内容

1.请简要分析传统纸媒广告与电子广告各自的特点，在日常生活中哪类广告媒介对你的影响最深？请制作一份分析报告总结说明，格式为 PPT 或 PDF。

2. 请设计一张 A3 尺寸的户外平面海报，内容与形式不限，要求敢于创新突破以及具有强烈的视觉效果，并撰写 300 字左右的设计说明，格式为 JPG 或 PDF。

◆　思考内容

1.用户访问者自身可能对网络广告有本能的反感，作为设计师，如何从设计的角度改善此现象？

2.在互联网时代下，你认为广告媒介的发展趋势是什么？

3.户外广告对设计师提出了哪些要求？设计上需要考虑哪些因素？

更多案例获取

William
Pennick.

To make the audience marvel in an instant, immediately understand the advantages of goods, and never forget, this is the real effect of creativity.

要使观众在瞬间发生惊叹，立即明白商品的优点，而且永不忘记，这就是创意的真正效果。

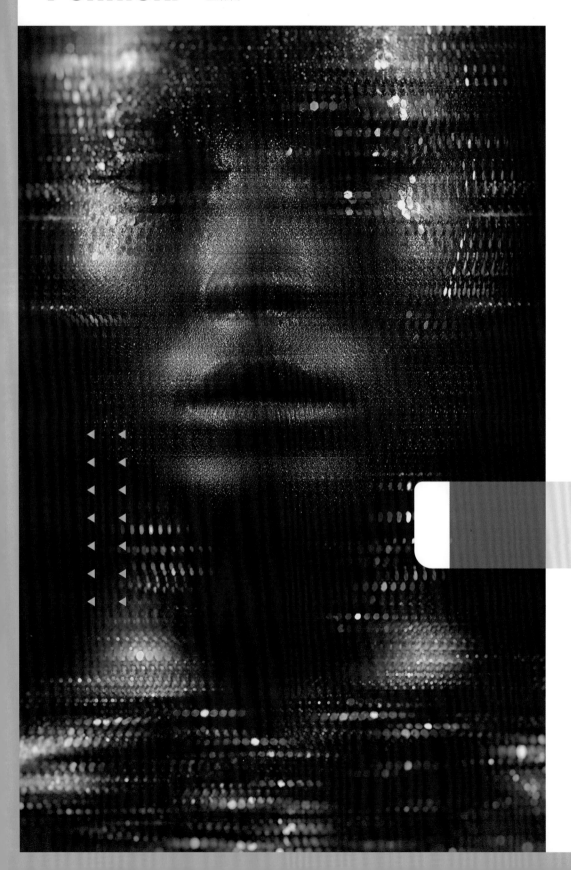

广告
设计

第 7 章　广告艺术化的表现及趋势

教学关键词：

广告艺术化　表现　发展趋势

教学目标：

◎ 领悟现代广告艺术化的具体内容及应用价值

◎ 探讨广告艺术化未来的发展趋势

◎ 熟练运用广告画面艺术化表现的多种方法

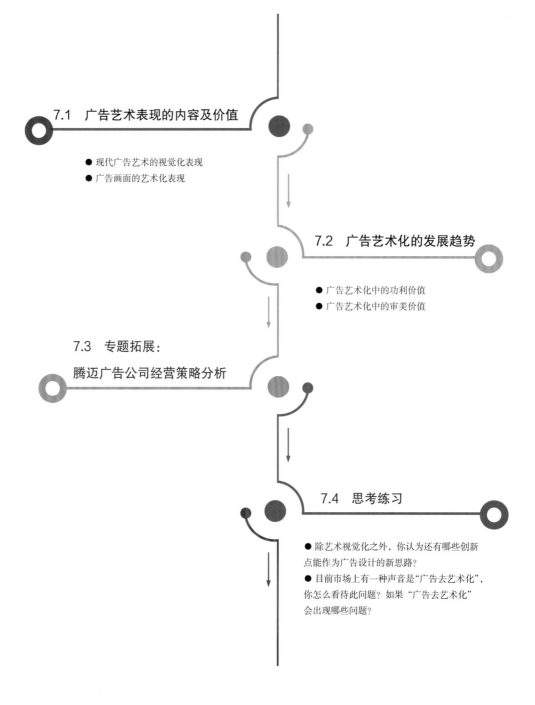

7.1　广告艺术表现的内容及价值

● 现代广告艺术的视觉化表现
● 广告画面的艺术化表现

7.2　广告艺术化的发展趋势

● 广告艺术化中的功利价值
● 广告艺术化中的审美价值

7.3　专题拓展：

腾迈广告公司经营策略分析

7.4　思考练习

● 除艺术视觉化之外，你认为还有哪些创新
点能作为广告设计的新思路？
● 目前市场上有一种声音是"广告去艺术化"，
你怎么看待此问题？如果"广告去艺术化"
会出现哪些问题？

7.1 广告艺术表现的内容及价值

迄今为止，广告已经是文化空间里最强大的艺术符号之一。相对于歌曲、戏剧、小说等艺术表现形式而言，广告更像一种微型叙事艺术，其发表频率极大地弥补了内容分享上的不足。至于那些形象生动和朗朗上口的广告，更具有超出一般文化类别的亲和力。

20 世纪 60 年代，广告科学派和艺术派曾就"广告是科学还是艺术"进行了持久的争论，最后得出的结果是两者同样重要。放眼望去，消费时代下的消费文化的影像和符号的作用远远大于本质内容，因此广告必须保持强大的艺术表现力，否则就会湮灭在过剩的符号影像中。一方面，随着当今经济社会的高速发展，广告的发展趋势势必是越来越重视艺术表现。另一方面，从消费者心理学的角度研究，广告是一种"说服的艺术"，而抵制说服是人类的心理共性。广告作品只有从设计制作、内容形式、宣传策划等各个方面都体现艺术美的法则，引导消费者感受"广告美"，才能最终获得消费者的认可。

7.1.1 现代广告艺术的视觉化表现

现代广告艺术作品的个性与风格首先体现为企业与商品的个性与风格，体现为广告对象的个性与风格。在广告创作中，设计师的共情能力非常重要，不能简单地以个人心理感受代替特定消费者对商品的心理感受。广告思想家李奥·贝纳曾说："如果你不能把你自己变成顾客，就不应该干广告这一行。"

在强有力的市场竞争中，市场机制已经进入了精神生产领域。企业商品的广告设计不再仅仅是将单一的商品信息罗列出来，而是越来越注重企业和商品本身所附属的文化内涵。在这种背景下，艺术视觉化的表现成为广告设计师创作的新出口。为了达到艺术视觉化的表现效果，设计师在进行广告设计时需要注意以下三个原则。

7.1.1.1 对称平衡

对称平衡是广告艺术视觉中最常用的一种表现形式。消费者在瞬间触及广告页面时，视觉中心一般处于中心轴线的三分之二处，这个位置是消费者首先看到的画面中心，而画面中心轴线两边物体的大小、形状、质量等元素构成了广告艺术的对称平衡。因此，设计师应重点把握好视觉中心处的设计，能够第一时间吸引消费者的眼球，使消费者产生对商品强烈的好奇心，进一步促使其对广告的持续浏览（图 7-1、图 7-2）。

与对称平衡相反，非对称平衡是一种不以中心轴线对称为设计准则的表现形式。虽然广告的框架结构不对称，但是运用丰富的装饰元素、和谐的色彩、变化的字体等安排，使消费者产生视觉上的对称平衡。

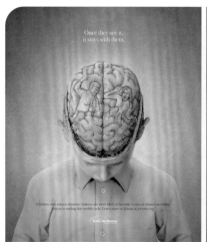
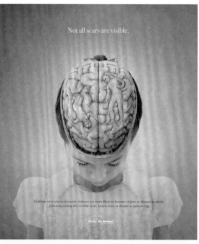
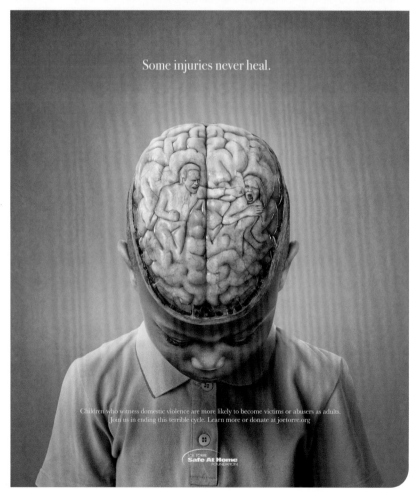

图 7-1　平安家庭基金会公益广告　Gyro 公司　美国　2017

　　如图 7-1，该系列公益广告将遭受过家庭暴力的儿童以低头垂思的状态呈现。这些儿童的脑海中都是家庭暴力的场景，他们在成长过程中会有很大的阴影，可能会在成年后继续成为施暴者。对称的构图，严谨中带有压迫感，警醒观者的同时传递基金会宣传拒绝家庭暴力的宗旨。

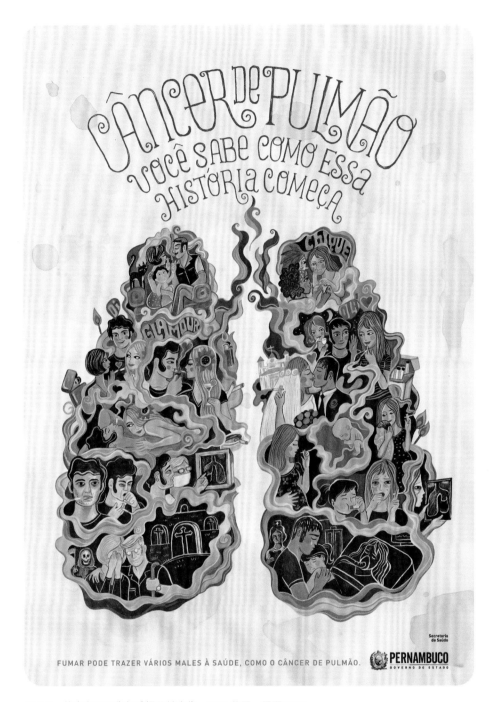

图 7-2　伯南布哥卫生部戒烟公益广告　RGA 公司　巴西 2017

7.1.1.2　动势特征

　　动势特征包括直接动作和间接动作两种主要形式。广告艺术运用动势特征一般有两个目的，其一是为了引起消费者对广告的兴趣，其二是便于消费者可以通览广告的全景。在现实生活中，人们往往习惯于由左向右看，长此以往就形成了一种习惯性的由左向右移动的动势。设计师如果可以充分地利用动势特征，就能够提高广告艺术的视觉化表现（图7-3 ～图7-5）。

图7-3　阿图罗·卡莱牛仔裤广告　LOWE/SSP3 公司　哥伦比亚　2015

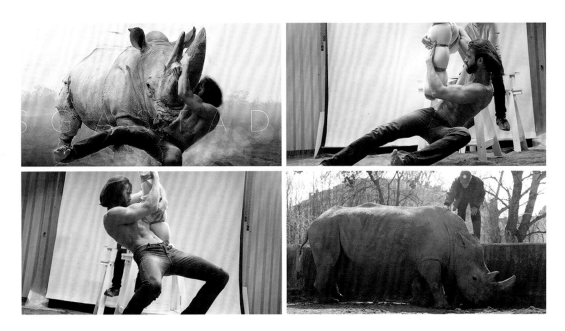

图 7-4　阿图罗·卡莱牛仔裤广告制作过程

　　图 7-3、图 7-4 中，勇猛的男勇士身着此品牌的牛仔裤与野兽搏斗，画面在电影胶片的质感下显得充满运动感，雄性荷尔蒙隔着屏幕传递出来。图片采用摄影及后期合成的手段，显示了广告制作的基本功及艺术水准，宣传牛仔裤的效果非常到位。

图 7-5　耐克公司广告　Guy Seese 公司　美国　2009

　　如图 7-5，跳绳、击打棒球都产生了夸张和戏剧化的结果，给观者留有巨大的想象空间，还原动态的画面主人公的运动过程。

7.1.1.3 创意想象

给消费者带来眼前一亮感觉的广告，无论是形式还是内容都应具有强烈的艺术表现力和感染力。要达到这种高度，设计师必须打破固有思维的局限性，走出概念化的思维模式，大力地展开想象。随着广告行业的不断发展，置身于绚丽多彩的广告市场环境中，借助于奇思妙想来提升广告创意是企业生存的关键。使用创意想象能够在很大程度上加深消费者对商品的印象，激起他们对商品的好奇心和新鲜感，从而达到购买消费的目的（图7-6）。

图 7-6　埃罗摩尔（EOLO PIÙ）推广广告　甘比诺（Gambino）公司　意大利　2020

　　该广告通过充满丰富想象的趣味性的画面传达网络生活中便捷和舒适的生活、工作氛围，同时传递了广告主意大利电信运营商EOLO推出新产品的核心卖点，即关注用户的创造力和兴趣点，更好地提升用户在数字生活中的使用体验。整体画面由漫画和实景拍摄进行组合，画面具有张力，诙谐幽默，吸引眼球（图 7-6）。

7.1.2　广告画面的艺术化表现

　　广告虽然诞生于商业社会，但是却具有独特的艺术表现形式，兼具商业性与审美性的双重特性。视觉文化在当代文化中有举足轻重的地位，广告画面作为一个特殊的艺术形态，呈现出明显的艺术化趋势，丰富并推动了视觉文化的发展。

7.1.2.1　二维平面广告的艺术化表现

在现代广告中，平面广告是最普遍的，由文字、图片、色彩等内容构成。目前，富有现代化艺术的文字更加受到消费者的青睐；有趣的图片在广告设计中起到视觉核心的作用；丰富的色彩能增强广告的艺术表现力。

7.1.2.2　空间立体广告的艺术化表现

与二维平面的广告相比，空间立体的广告形式重在展示商品的真实信息，以提高消费者的信任为首要目的。不仅如此，空间立体的广告普遍具有较强的律动感和层次感，充分显示着现代广告艺术对崇高精神文明的追求（图 7-7、图 7-8）。

图 7-7　汉高黏合剂品牌广告　智威汤逊公司　上海　2012

此广告利用三维的技术打造中西式不同主题的婚礼场景，主角为打碎的瓷器与断裂的镜框，证婚人则是汉高的黏合剂。一点透视的空间描述，极具变化和表现力，在科学思想与透视科学的指导下，具有客观物象的真实感。幽默中具有明确的产品指导意识，提升观者购买的期待值（图 7-7）。

图 7-8　阿迪达斯公司 SS16 球鞋广告及广告牌现场图　eg+Worldwide 公司　上海　2016

　　此款篮球鞋主打较强的摩擦力以及出色的弹跳性。设计公司挖掘东方元素，设计出有悟空元素的形象作为图像的背景元素。大面积的火焰比例让整幅画面充满张力（图 7-8）。

位于曼谷的ILLUSION工作室由Surachai Puthikulangkura创立。作为一家创意图像设计公司，ILLUSION工作室是印刷和图像后期制作（创意修饰、图像处理）行业中的佼佼者（图7-9），公司一直以"创造杰作"为座右铭。

从创立至今，ILLUSION工作室在不断追求照片般真实的创意图像的过程中，逐渐成为平面广告设计和综合技能方面的大师，并于2010年演变为CGI（计算机生成图像）工作室。团队共有35名成员，高度专业的CGI艺术家和修图师充满激情地工作，以精致的细节创作出最优质的作品。

同时在顺应广告制作的需求中，ILLUSION工作室拥有静态摄影、修图和影像创意方面的知识和经验，结合强调创意设计和概念创意的高级CGI技能，力求最佳成果，经常能推出具有高质量视觉效果的作品（图7-10）。从2001年至今，ILLUSION工作室在世界级的广告艺术节上共计拿到两千余件奖项，2011年与智威汤逊上海（JWT Shanghai）合作，凭借作品"天堂与地狱"成为亚洲首个赢得戛纳创意节至尊大奖的公司；2012年和2013年，ILLUSION工作室执行的作品美加净牙膏制作的"文明－埃及和罗马"在戛纳国际创意节上连续两年摘得金狮奖。因此，广告创意表现在整个广告活动中具有非常重要的意义，是广告活动的中心，决定了广告最终呈现效果和传播发挥的程度，同时广告策划团队对于广告活动的管理水平也能体现出来。

图 7-9　环保组织公益广告　TBWA　泰国　2018

　　"It's not just the tree that gets torn apart."（不仅仅是树木砍伐断裂这么简单。）广告中树木的年轮连同被撕裂的动态，牵拉出看似生离死别的物象。带给观者的震撼感，对于宣传公益知识和传播减少资源浪费、爱护植被的内容具有较好的推动作用（图 7-9）。

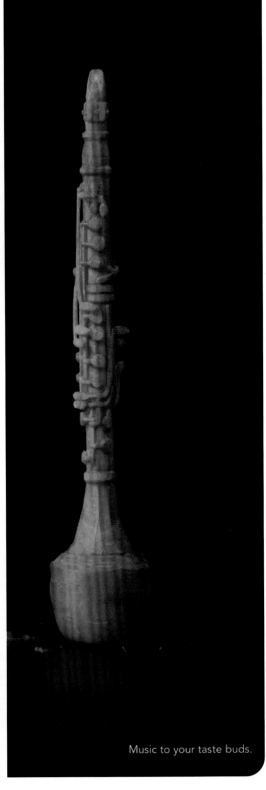

图 7-10　高尔米佑（Gault Millau）餐厅指南广告　KSP 公司　瑞士　2015

　　不同音乐带给你味蕾不同的刺激。食材与乐器的结合，传递出该指南深谙食客饮食心理的优势（图 7-10）。

7.2　广告艺术化的发展趋势

　　目前，随着人民收入水平的提高和知识经济的发展，人们的物质生活得到较大程度的满足，与此同时，精神生活日渐成熟，审美观念在潜移默化中得到提高，文化消费终将成为新世纪最具发展前途的市场领域。广告艺术化符合人们先进的审美艺术观念，涉及众多艺术领域，在现代艺术中一枝独秀。因此，广告艺术化的发展趋势是必然的（图 7-11）。

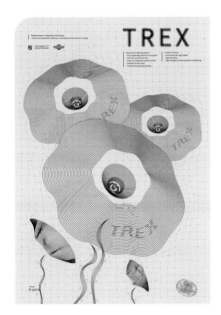
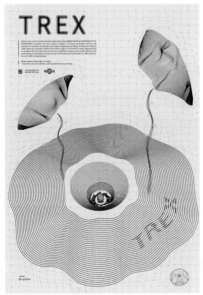
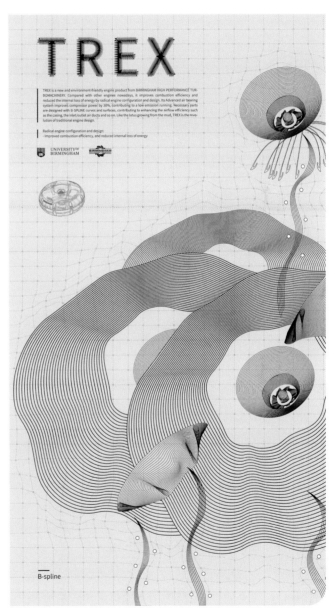

图 7-11　伯明翰机械宣传广告　形锋恒集设计公司　苏州　2019

　　此系列广告是伯明翰高性能涡轮机械 TREX 的概念设计。环保和卓越的高性能是这款新型涡轮发动机的特点。设计中运用了 b 样条曲线、G3 连续线、荷叶和花朵的元素，从侧面和寓意上找到共鸣，体现了该系列产品的独特性（图 7-11）。

7.2.1　广告艺术化中的功利价值

广告艺术化形成的广告美，对于观者来说，是客体对于主体美的需求，存在着形态和功能上的双重价值，也可以理解为利用美，以广告艺术化的美为手段，诱导消费者对广告宣传的内容给予高度关注，采取购买行为，提高市场占有率或者规范观者行为。因此，从价值论的考量角度来理解，广告艺术化的功利价值是第一位的（图7-12）。

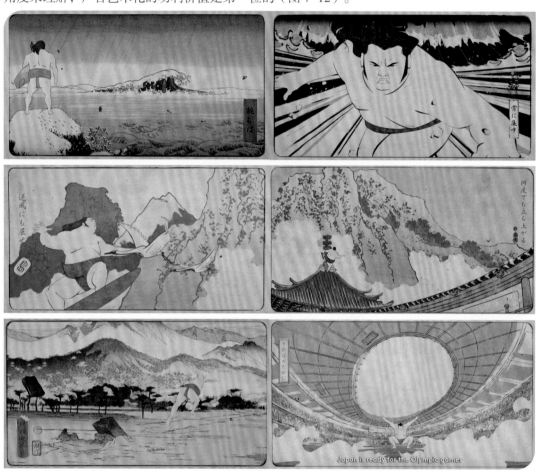

图 7-12　法国电视台宣传广告　MullenLowe 公司　法国　2021

图 7-12 以具有代表性的日本相扑运动员贯穿整个动画，浮世绘的画风令东方艺术韵味扑面而来。画面流畅，节奏充满运动感，雅致中极富现代气息。

7.2.2　广告艺术化中的审美价值

广告艺术化跨越功利价值的深层境界，带给观者由画面的表层转移到深层的美学体验，即赏心怡情的更高境界，从有限的视听形象中领悟到某种独特的深层次的意义和内涵，对于社会生产的进步和人类精神文明的发展都有着较为深刻的影响，这也正是广告艺术化发展之路上真正的价值所在。

审美知觉的特点是审美心理学中的一个重要问题。英国著名艺术家朗菲尔德（Longfield）认为审美知觉的特点是排除实用性和占有欲，以及全神贯注、身心完全参与和感受的非现实性。

消费者的审美知觉不是对广告作品机械而呆板的反映，会在观看作品的同时融入自身主观的经验和想象，对画面场景进行改造和重构，是对于广告作品的形式、意蕴的一种新的发现和新的创造。德裔美籍心理学家、格式塔美学的代表人物鲁道夫·阿恩海姆（Rudolf Arnheim，1904—2007）曾说："视觉形象永远不是对于感性材料的机械复制，而是对现实的一种创造性把握，它把握到的形象是含有丰富的想象性、创造性、敏锐性的美的形象。"日本的无印良品（MUJI）是在 1983 年新思潮活跃时期成立的品牌。那时候日本国内经济呈现繁荣的现象，而后来这一时期的繁荣又被称作"泡沫经济时代"。这一团队的灵魂人物当属田中一光（1930—2002）。在创始之初，他就希望在时代的变迁中冷静地坚守自己的价值观和审美意识，并把这些作为自己的核心思想，向顾客传达"减少过多欲望，取而代之以朴素、简洁、实用的价值观"。

无印良品的设计总监原研哉将无印良品的设计理念定义为超越商品范畴的一种思想。2002年，原研哉秉承平面设计师田中一光先生所提出的设计思想开展工作，即简约、朴素的生活态度和设计追求，避免使用很多的语言文字去解释，力求凭借"让接触无印良品的人能自然而然地体会到"的沟通方式来普及无印良品这一思想，开创了无印良品第二个商品王朝。"它是能与豪华相媲美的简朴""通过去除无用之物，展示胜于豪华之美"（图 7-13）。

图 7-13

图 7-13　无印良品广告《地平线》　MUJI　日本　2003

　　无印良品设计团队在 2003 年使用这一系列地平线的照片，制作了企业广告（图 7-13）。照片上所拍的只是地球和人。这一视觉作品展示了无印良品的存在方式，告知观者尤其是消费者可以自由体会、自行定义无印良品这一品牌，对于想象的定义毫无限制。通过制作这一广告，原研哉加深了对无印良品的思考。在世界各大品牌力争制作让人们产生购买欲望的广告时，无印良品却提供了"空"的信息。这种广告姿态就始于这个地平线广告，寓意无印良品希望它的产品能够包含大众的想法，同时也表达了自身对于极致设计的态度。

　　"简约"的概念从现代主义风格思潮的中心——包豪斯就开始产生广泛而深远的影响，使得现代设计逐步由理想主义走向现实主义，并用理性、科学的思想代替艺术上的浪漫主义。这是基于合理性的一种思想。无印良品在产品设计及宣传推广上也用到了"空"的概念，使用有效的视觉作品，让消费者看到无印良品的作品自行觉醒，产生艺术的美的体会（图 7-14）。

图 7-14　无印良品广告《自然而然地发生》　MUJI　日本　2006

广告创作者在一定时期内需要保持稳定的艺术特性，否则在广告设计中往往呈现随机性与偶然性，这很难带领品牌走向成熟和高层次。但我们在强调广告风格稳定性的同时，完全不对其多样化的呈现方式进行否定。风格多样化与稳定性之间需要有主有从、相辅相成的联系（图 7-15）。

图 7-15　无印良品广告《蓝图》　MUJI　日本　2012

资生堂前广告部执行创意总监涩谷胜彦先生送给新村则人一本关于植物的书。新村则人从书中的蓝图获得灵感，之后与摄影师迈克尔·费瑟进行合作，开始研究这一传统的摄影古典工艺。蓝晒工艺成本较低并且容易操作。当时的蓝印机器尺寸不足以直接印制最终的广告招贴尺寸，每次只能印 1/25，如果其中某一片表现得不太理想，整张作品就只能作废。有记录该系列作品共尝试过 100 多版。淡雅的蓝印作品在概念里融入了科学与自然，是无印良品品牌追求的有力体现（图 7-15）。

宋代理学家邵雍对于主客观审美经验的特点有深刻的论述："以物观物，性也；以我观物，情也。性公而明，情偏而暗。"在其看来，"以物观物"系人之天性；"以我观物"则会产生浓郁的情感和独具个性的审美。新村则人的老家大岛郡位于山口县的最东边，是一个小岛，浮岛是上面更小的一块小岛，而他就是这座岛上的岛民。优越的地理位置造就了丰富的物产和优美的自然环境，也培养了新村则人恬静的审美高度。他的灵感来源于生活，这与家乡带给他的滋养密不可分。人与自然的关系是他设计中永恒不变的主题，这一点在他的许多作品中都有体现（图7-16）。

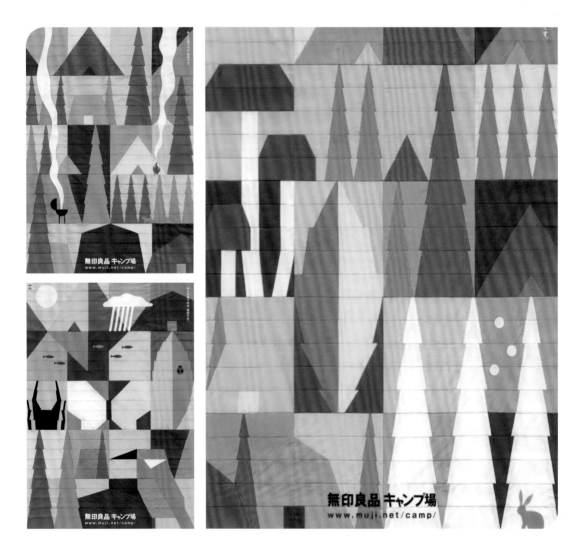

图7-16　无印良品广告《露营场》　MUJI　日本　2016

在日本，无印良品除了销售生活小物外，还拥有并经营着三个露营地，分别是新潟、岐阜和群马，专门面向家庭组织露营活动，给人们提供一个放下手机重返大自然的机会。新村则人在制作该组海报的同时对于"现代被子风格"也产生了浓厚的兴趣，认为用被子缝制整个广告画面会非常有趣味性。之后制作团队与藤田久美子和中岛一月进行联系，最终缝制并运用拍摄手法记录了露营场。色彩活泼柔和、充满朝气、简约不乏趣味的画面，在童真与现代的视角中寻求平衡点（图7-16）。

资生堂的 Makeup Tools 睫毛夹广告在 2020 年一举揽获了 ADC 年度金奖和 D&AD 木铅笔奖，它的设计者正是日本设计界的新星——花原正基。出于对资生堂这一历史悠久品牌的喜爱和研究，他将该公司宣传部的平面设计工作作为自己的设计起点。花原正基在设计中追求视觉的冲击和画面的表现力，擅长通过细致的观察，将广告中所呈现的具体物象进行提炼，从非常独特的角度去诠释和理解产品，力求突破美容保养产品广告展示的常规。"Makeup Tools"系列以及化妆产品系列广告应运而生 (图 7-17、图 7-18)。

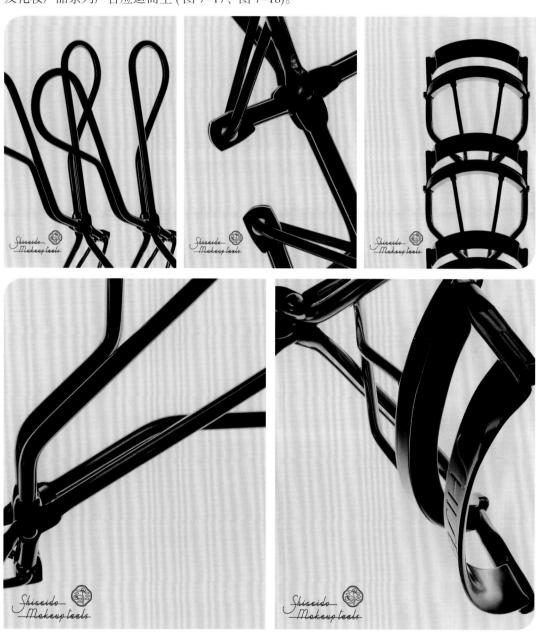

图 7-17　资生堂睫毛夹系列广告　花原正基　日本　2020

　　无论是精心设计的易握手柄、校准铰链还是曲线优美的外形设计，资生堂睫毛夹的设计都是符合人体工程学的，它能够很好地捕捉所有的睫毛。此资生堂睫毛夹系列广告突破常规，放大取局部特写，艺术化地表现产品，叙述产品的优势（图 7-17）。

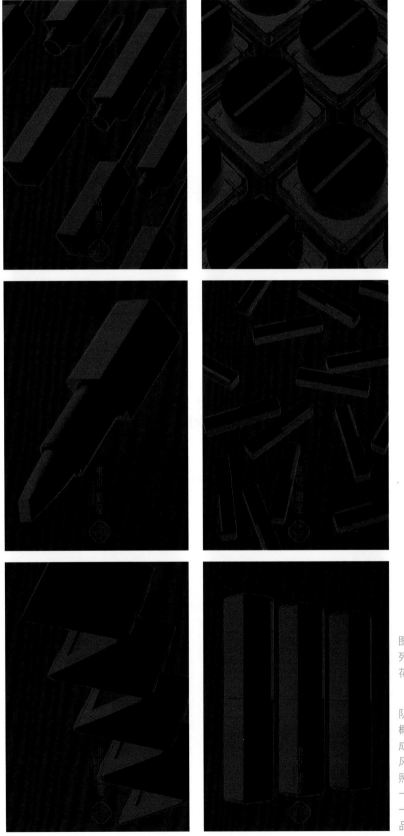

图 7-18 资生堂化妆产品系列广告《Black and Red》花原正基 日本 2020

花原正基和他的设计团队 以 "Japaness-ness" 为概念，只用红色和黑色来构成制作，演绎出独特的日本风格。拍摄时候不止两色，照片通过后期处理，出现了一种极简的特性，从而在另一个角度实现了与欧美竞争品牌的差异化（图 7-18）。

7.3　专题拓展：腾迈广告公司经营策略分析

　　腾迈（TBWA）是奥姆尼康（Omnicom）集团旗下的全球性广告公司，在业内以创意成名。在中国，TBWA 的译名叫做"李岱艾"，是因为进入中国的时候与中国香港的一家公司合并，这家公司名为 Lee Davis Ayer，所以初期 TBWA 中国叫作"TBWA\Lee Davis"，后期已经把"\Lee Davis"去掉，但中文译名依然叫做"李岱艾广告"。大陆地区早期沿用香港译名，目前称为"腾迈"。

　　TBWA 的核心方法论是 DISRUPTION，即颠覆性创意。意思是寻找市场、消费者、沟通中的惯例（Convention），然后试着去保留或者颠覆（Disruption），然后达到品牌和企业的愿景（Vision），关键在于注重思考策略及创意工作。基于中国市场的优厚潜力，中国各分公司都有精彩出色的表现，TBWA 在国内的实力不言而喻。TBWA 提倡广告业应以"多元文化"运作，相信当不同的思想及经验交流时，会激发出新的意念火花。TBWA 直至今天依然遵循着这些哲理。

　　TBWA 坚信只有专才，没有通才，因此 TBWA 在中国不断寻觅广告界专才（图 7-19、图 7-20）。从客户服务、创意设计、市场调研，到公关推广、音乐娱乐等全方位网络人才，不依靠单独的个别地区的策略思考及创意，而是集各地之精华于一体。

图 7-19　Beegle 卫星追踪器广告　TBWA　南非　2014

　　"Find your freight, anywhere in the world."（无论您的货物正在哪里运输，通过 Beegle 产品都能清晰地找到。）此广告以"上帝之眼"的视角，带给观者对于产品功能的具体认知，夸张幽默的创意点具有戏剧性。对于产品需求方即购买单位，其最关心的内容就是货物的物流信息和安全内容。因此 TBWA 从客户需求出发，针对具体的要求，大胆创新，灵活表现，最终呈现出趣味性十足的优秀的宣传作品（图 7-19）。

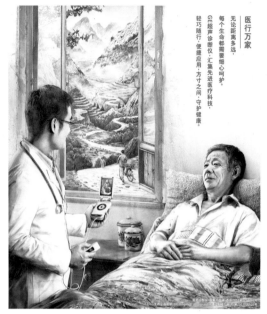

图 7-20　通用电器系列广告　TBWA　上海　2013

　　如图 7-20 创意点通过对充满中国元素的青花瓷器的借鉴，设计出具有标志性视觉纹理的效果。大背景固定在中国这片土地上，通过一些具体的事件和设备的发展历程讲述了通用电气的技术致力于让中国人生活更便捷舒服的愿景，非常恰当地宣传了该公司的发展理念。整个系列广告温暖而又充满希望。

7.4　思考练习

◆　**练习内容**

1. 本章阐述了现代广告艺术视觉化需要具备对称平衡、动势特征和创意想象三个原则，请分别列举三件能体现此原则的广告作品，分析其特点。制作一份分析报告，格式为 PPT 或 PDF。

2. 以麦当劳广告为例，请分析比较二维平面和空间立体两种形式各自的呈现方式及设计亮点，总结优缺点并制作分析报告，格式为 WORD 或 EXCEL。

◆　**思考内容**

1. 除艺术视觉化之外，你认为还有哪些创新点能作为广告设计的新思路？

2. 目前市场上有一种声音是"广告去艺术化"，你怎么看待此问题？如果"广告去艺术化"会出现哪些问题？

更多案例获取

后记

本书以具有时效性的优秀广告为范例，深入浅出地讲解广告设计的创意设计方法，力图给学习者直接、实在的学习指导。设计是一门大学科，广告设计只是其中一项，各种设计存在的方式、目的各不相同，但设计方法和思维处理上却可以融会贯通。设计教学上的学科界线模糊化亦成为事实，但专业学科的系统化和深入化也同时存在。本书编写团队以从事设计教育和广告设计多年的积累和总结，力求用简洁有效的表述，帮助学习者明确广告设计的责任、厘清广告设计的理论、掌握广告设计的方法。

书中图例主要来源于世界各地或前沿或经典的优秀广告案例，在此感谢所有案例版权方、创作者，因为你们的创造与奉献让世界变得更美丽！

同时，仅以此书纪念我国著名的设计教育家、设计思想家、设计大师：清华大学美术学院已故教授高中羽先生。在他逝世十周年之际，愿他在天之灵能感知到弟子们一直在秉承他的遗志，致力于推动中国的设计教育事业。

张磊 周倩倩 吕宇星
2021 年 10 月于苏州大学艺术学院

参考文献

[1] 威廉·阿伦斯. 当代广告学 [M]. 北京：人民邮电出版社，2006.

[2] 乔治·路易斯. 广告的艺术 [M]. 海口：海南出版社，1999.

[3] 鲁道夫·阿恩海姆. 艺术与视知觉 [M]. 成都：四川人民出版社，2019.

[4] 罗宾·兰达. 跨媒介广告创意与设计 [M]. 王树良，译. 上海：上海人民美术出版社，2019.

[5] 张金海. 20 世纪广告传播理论研究 [M]. 武汉：武汉大学出版社，2002.

[6] 刚强. 现代广告设计的理论与思维 [M]. 北京：北京理工大学出版社，2019.

[7] 祝士伟. 创意的形状 [M]. 上海：上海人民美术出版社，2019.

[8] 李超德. 设计美学 [M]. 合肥：安徽美术出版社，2004.

[9] 李泽厚. 美的历程 [M]. 北京：中国社会科学出版社，1986.

[10] 黄升民. 中国广告图史 [M]. 广州：南方日报出版社，2006.

[11] 黄升民，丁俊杰. 营销·传播·广告新论　华文广告世纪论坛论文集 [M]. 北京：北京广播学院出版社，2001.

[12] 陈培爱. 广告运作流程 [M]. 北京：中央广播电视大学出版社，2012.

[13] 范鲁彬. 中国广告 30 年全数据 [M]. 北京：中国市场出版社，2009.

本书内容的电子课件请联系 juanxu@126.com 索取。